AF474182

LA PHYSIQVE EXPLIQVÉE

SVIVANT LE SENTIMENT DES ANCIENS ET NOVVEAVX Philoſophes; & principalement DE DESCARTES.

Par Iaques Du Roure.

A PARIS,
Chez l'AVTEVR, 1653.
AVEC PRIVILEGE DV ROY.

ADVERTISSEMENT de l'Auteur à ceux qui aprenent ſa Philoſophie.

IE ne ſçay, MESSIEVRS, ſi dans le deſſein que j'ay de vous obliger & de vous ſatisfaire, je ne déplairay point à tous ceux qui établiſſent la ſcience, ailleurs que dans l'évidence de la raiſon. Ie ſçay ſeulement que cete Phyſique ne comprend à peine que les ſeules choſes que je crois avoir conceües aſſez clairement, pour ne rechercher pas ſi éles ſont encore confirmées par l'autorité. I'avoüe que j'aurois comme les autres ſuivi la Philoſophie qu'on a acoutumé d'enſegner ſi i'y euſſe rencontré autant de verité & de certitude, que i'y ay employé de temps : Mais parce qu'apres tout le ſoin que j'ay aporté pour l'aprendre, ie n'y ay rien trouvé dequoy l'on ne peut diſputer ; j'ay crû devoir chercher ailleurs une ſcience plus aſſurée. Vous ſçavez, MESSIEVRS, que l'évenement de mon deſſein ne m'a pas été deſavantageux : Et ſi je le puis dire à la gloire de ceux dont j'ay voulu ſuivre l'exemple, ſouvent vous m'avez oüy propoſer des Principes evidents & des Conſequences manifeſtes ſur des ſujets, où l'on n'a acoutumé d'aporter que des mots sans signification, ou des argaments dont la probabilité comprend égalment la verité & le mensonge. Enfin vous n'ignorez pas que lors qu'il a falu établir les fondements de la Physique, nous n'avons pas seulement rejeté toutes les opinions qui nous paroissoient fausses, nous n'avons pas mémes voulu recevoir celes qui n'étoient que vray-semblables. Si nous nous sommes quelquefois trompez, c'a été sur un sujét où l'on peut pecher innocemment, & où ceux qui décrivent la Nature ne changent rien dans l'ordre, ni dans la production de ses efets : Ainsi l'on peut aprendre les causes qu'ils donnent des pluyes & des orages, cependant que l'on en est à couvert. La premiére chose que je vous demande est de n'aporter pas vn esprit entierement préocupé à la lecture de ce livre, & de suspendre pour cét efét votre iugement touchant les opinions que vous pouvez avoir aprises ailleurs, & que vous-mémes iugerez assez incertaines, si vous les considerez atentivement & sans prévention: Ie vous advertis apres cela de ne vous aréter pas beaucoup aux dificultez, qui peut-étre se presenteront d'abord à votre esprit; d'autant que vous pourez les resoudre aizément, la seconde ou la troisiéme fois que vous prendrez la peine de relire cét ouvrage, où vous remarquerez encore plus exactement l'ordre & la verité des choses qu'il comprend. L'avantage que vous avez de m'oüyr expliquer tout au long ce qui n'est icy que comme en abregé, me fait croire que quoy que ie donne ce livre au publiq, vous ne laisserez pas de vous en reserver la parfaite inteligence. La cause pourquoy il est moindre que vous ne pensiez peut-étre pas ; c'est que i'ay taché d'y comprendre plusieurs choses en tres-peu de mots, & que ie n'ay pas voulu qu'apres le temps que vous y auriez employé, vous n'en eussiez point pour considerer l'Vnivers, qui est le livre que la Nature vous presente. Outre cela i'ay iugé qu'il n'étoit pas necessaire de publier toutes les fautes que ie puis commettre, ny toutes les connoissances que vous pouvez avoir. La troisiéme chose dont ie crois devoir vous advertir, est que dans la Physique, laquele je mets au nombre des plus parfaites sciences, vous ne receviez rien, dont vous n'ayez une claire perception. N'imitez pas je vous prie ceux qui se persuadent une opinion seulement parce qu'ils la peuvent soutenir opiniatrément, & en faire une de ces Theses sur léqueles ils ont acoutumé de disputer aveq plus de chaleur que de connoissance. C'est ce que je puis dire de quelques Sectateurs d'Aristote, & c'est ce que Fernel leur attribuë presqu'à tous, lors qu'il parle des Facultez de l'ame. *Tanta est* Peripateticorum *in unius opinione pertinacia, ut errare malint & in controversia concertationéque perpetuò versari, quam synceram purámque rerum cognitionem capere; Atque cum perspicuis dubia debeant illustrare, dubijs perspicua tollere conantur.* Pour ce qui est de moy, quoy que j'aye presque toujours suivi Descartes, qui a banni des sciences l'incertitude & les disputes; & qui nous a donné, comme parle Claubergius, une Philosophie desirée depuis tous les siécles; Neantmoins parce qu'il pourroit ariver que j'aurois introduit le doute & l'obscurité en quelques endroits de mon livre les moins considerables: Ie vous demande que lors que vous en aurez oüy l'explication, & que vous l'aurez lû tout entier deux ou trois fois, vous rejetiez toutes les choses que l'evidence de la raison ne vous sçauroit persuader. I'ay touiours preferé la connoissance claire & assurée de quelques veritez à cete profession ridicule ou de tout sçavoir, où de discourir de tout & de se contenter en châque question de la vray semblance, que l'on peut trouver aveq d'autant moins de travail, qu'ele est toujours acompagnée de l'obscurité qui nous est si naturele. Cete seule consideration que nous ignorons un grand nombre de choses, vous fait assez voir qu'encore que par nos principes nous ayons expliqué demonstrativement beaucoup plus de dificultez, que les autres Philosophes n'ont acoutumé d'en proposer (Car pource qui est de resoudre méme la moindre de celes qu'ils voudroient choisir, ie ne pense pas qu'ils le puissent par leurs principes) Cete consideration dis-ie vous fait assez voir que vous ne devez pas vous obliger de répondre à toutes les questions, qu'ils entreprendront de vous faire. Il faut que vous supposiez qu'il n'est point d'ignorāt, qui ne puisse en moins d'un quart d'heure demāder beaucoup plus de choses, que tous les sçavants hōmes n'en pouroiēt resoudre durant leur vie. Contentez vous de l'assurance où vous étes que presque tout ce que vous avez apris est tres-evident, & qu'il ne tiendra qu'à vous de faire comme plusieurs grands Personnages, qui non seulement dans ce Royaume, mais dans tous les Païs étrangers d'où l'on ne bannit pas les sciences, travaillent à bâtir sur de si beaux fondements. Vous aurez du moins cét honneur que dans la Religion & dans la Monarchie où vous étes, vous commencerez à faire revivre les sentiments d'un Homme, dont la gloire est déja plus ilustre, que cele que les Payens & les Républicains de l'ancien temps ont jamais pû s'aquerir par la Philosophie. Vn des principaux obstacles que vous aurez peut-étre dans ce dessein, est celui que les disputes des autres Philosophes qui tacheront d'etablir les opinions dont ils sont prevenus, vous pourront faire : Mais je vous ay dit beaucoup de fois que vous ne devez pas vous en metre en peine; parce qu'eles ne vous touchent point, & qu'eles suposent ou des fondements que vous niez, ou des équivoques qu'il ne vous est pas dificile d'entendre. Quoy que l'on montre dans la Philosophie vulgaire le moyen de disputer & de multiplier les doutes, neantmoins i'ay touiours crû qu'ils n'étoient qu'en trop grand nombre; C'est pourquoy i'ay taché à vous aprendre des choses qui m'ont semblé hors de toute controverse : Et comme i'ay pensé ensuite de Descartes que l'étenduë des corps, leur mouvemét, leur repos, leur figure, leur grandeur & la situation de leurs parties étoient indubitables; i'ay pensé encore que si sans faire d'autres supositions, ie pouvois expliquer tout ce qu'il y a de purement corporel, ie donnerois une Physique aussi parfaite qu'on puisse la desirer. Au reste qu'on apele les choses dont ie me suis servi Principes, Causes, Elements; ou qu'on leur donne d'autres noms, il ne m'importe; ce n'est pas là que i'établis la science ny la subtilité. Les disputes qu'on peut faire sur cette matiere, que ie ne prends ici que pour exemple, ne regardent que les mots; ou tout au plus les choses mal entenduës, & prises ou hors de leur lieu, ou en un sens entierement diferent de celui qu'on leur doit donner. L'experience nous aprend que depuis plusieurs siecles qu'on dispute en Philosophie, on n'y a pû jamais démonstrer par ces controverses une seule verité : Ie sçay bien qu'on dit ordinairement que l'exercice des disputes & des opositions que l'on fait, sert beaucoup pour ouvrir l'esprit à ceux qui aprennent les sciences ; mais ie sçay aussi qu'à travers ces ouvertures on ne remarque à peine, que le doute & l'incertitude, où ils s'embroüillent. Le veritable moyen de former les esprits, est de les acoutumer à un raisonnement clair & solide, & de tacher à ne les rendre ni bizares ni contentieux. A la verité il est des Peripateticiēs qui ne se plaisent point aux obiections ni aux controverses de l'Ecole ; Mais leur erreur paroit en ce qu'ils établissent des fondements, dont eles ne sont que les suites. C'est pourquoy il me semble que par leur façon de faire, ils exposent s'il faut ainsi parler leurs auditeurs desarmez au premier qui les veut ataquer ; & trompent sans doute tous ceux qui ne voyent pas que pour soutenir un bâtiment, qui n'est point ferme on doit l'apuyer de tous cotez. Il faut donq avoüer que ces diferentes obiections que l'on a acoutumé de faire lors qu'on aprend la Philosophie sont tres-necessaires à quiconque veut defendre une mauvaise cause ; Mais il faut dire aussi qu'eles sont inutiles, pour établir une verité qu'on connoit evidēment ; & c'est ce qu'on peut encore iuger des disputes & des questiōs dōt nous parlons. Certainemēt, si eles étoient importantes au point qu'on nous le veut persuader, il faudroit avāt que d'expliquer la Grāmaire par exemple, traiter comme ils disent à fonds ou cete question ou d'autres semblables, que l'on l'on comprend sous ce beau mot de Prolegomenes; Si la Grammaire est une Science pratique, ou un des Arts liberaux; Mais personne ne doute que ce ne seroit qu'un amuzement. A-t-on iamais vû que ceux qui aprenent les Elements d'Euclide soient un fort long-temps à s'informer, si ce qu'on leur ensegne est une veritable Science, ou une Inteligence des principes; & si à proprement parler on peut lui donner le nom d'Elements. Celuy qui voudroit montrer l'Architecture se rendroit d'abord ridicule, s'il pretendoit ou faire beaucoup d'arguments, ou disposer plusieurs propositions par ordre, pour répondre à diverses questions qu'on peut faire touchant cét Art, & pour montrer queles sont les premieres choses à quoy l'on doit apliquer la regle & le compas. Comme il est propre aux mauvais Advocats & à tous ceux qui n'ont rien à dire sur leur suiét, de ne parler de ce qui le touche que generalement, aveq negligence & en ignorants; & neantmoins de rendre quelque raison des choses ou indiferentes ou hors de propos. Plusieurs Philosophes aussi qui ne se connoissent point dans la veritable sagesse, à laquele pourtant leur profession les oblige de s'ocuper, en uzent de quelque semblable sorte. Car pour laisser beaucoup de leurs autres ereurs, que l'on ne suit peut-étre pas, & que l'on ne regarde point comme des objets d'admiration & d'estime; ils ne nous aprenent à peine que le seul moyen de discourir de tout universelement, ou pour mieux dire d'étre sçavants en general & ignorants en particulier: Ils ont aussi peu de soin de rechercher les choses, qu'ils aportent d'étude à employer beaucoup de mots, & quoy que le travail qu'on se donne dans les Sciences à bien ranger des conclusions ou obscures ou fausses, soit aussi inutile que celuy que les enfants prennent à bâtir des maisons aveq des tets & de la bouë; Neantmoins ils ne tachent pas à donner seulement la raison de leur ordre, mais encore si l'on veut la raison de cete raison: Et afin de nous entretenir des degrez metaphysiques, de l'antiperistase, de l'apetit concupiscible & irascible, ils méprisent les autres choses, qu'ils pouroient dire aveq plus de verité, mais aveque moins d'emphase. I'ay été un peu long sur ce sujét, parce que je suis certain que la Philosophie de Descartes rêverse entieremēt to⁹ les abus introduits, cōme nous venōs de voir, en plusieurs Ecoles & qu'ele leur est aussi cōtraire que la lumiere l'est à la nuit. Ie n'acheveray pourtant pas sans vous avoir proposé cét advertissement que le Philosophe que je viens de nōmer donne à ceux qui s'ocupent aux mémes études que vous; Il enseigne que les choses que Dieu a revelées sont plus certaines que toutes les autres. Pour moy, je ne soumets pas seulement mes raisonnements à la Foy & à l'Eglise, comme il n'est point de Chrestien qui ne le doive faire; I'en rends encore juges tous ceux, qui voudront se donner la peine de les examiner & de m'en aprendre de meilleurs. Et ie crois que chaqu'un me sera d'autant plus favorable, qu'il considerera que j'ay toujours tâché à suivre les lumieres de la raison, que je n'ay parlé des choses natureles que conformément à ce qu'eles nous paroissent; & qu'enfin loin de disputer des miracles ou generalement de rechercher ce que Dieu a pû faire, j'ay toujours supposé que les hommes ignoroient une grande partie de ce qu'il avoit fait. Ie crois méme que les plus raisonnables & les moins interessez de ce grand nombre de personnes, qui suivent aujourd'huy Platon & Aristote ne me seront pas entieremét contraires; D'autant que l'estime qu'ils font de ces Philosophes, ne sçauroit à peine les empécher de recevoir les choses qu'ils jugeront tres-certaines & tres-evidentes, soit que d'ailleurs ils les remarquent dans mon ouvrage, ou qu'ils sçachent que Descartes en est l'auteur. I'oserois encore me prometre que s'ils lisoient aveq soin ce peu de livres, qui nous restent de l'antiquité; Ils ne trouveroient pas seulement que les Ecoles des Philosophes, qui ont été devant ou apres le commancement de l'Academie & du Lycée, se sont presque toutes atachées à des sentiments conformes à ceux que nous suivons. Ils pouroient encore voir que les opinions de ce grand Homme dont nous parlons ne sont peut-étre pas si éloignées de celes d'Aristote & de Platon, comme l'on s'imagine: Et qu'il n'y a point d'autre diference entre ces auteurs, si ce n'est que le premier n'a point fait un secret de la Philosophie, & qu'il a enségné tres-clairement ce que les autres ont peut-étre dit, mais aveq obscurité & à la façon des Oracles de leur temps & de leur païs. Enfin ils pouroient voir qu'encore que dans les écrits de ces Anciens on trouve quelques choses que le bon sens, l'experience, la conversation & la lecture, qui sont quatre diferents degrez d'une sagesse commune, leur ont aprises: On n'y trouve pourtant pas, si je ne me trompe, ce que la plus haute & la plus parfaite Philosophie peut nous ensegner, pour nous rendre proprement sçavants; c'est à dire pour nous faire entendre les efets par leurs veritables causes, & pour deduire des principes tres-certains, tres-manifestes & tres-generaux la connoissance de tout ce que nous voyons dans le Monde. Entre les foibles esprits dont je pourois recevoir quelque desavantage, il y en aura à mon advis plusieurs, qui n'entendront peut-étre pas ce dequoy j'ay traité dans cete Physique, & qui se croiront neantmoins tres-sçavants en la langue dont ie m'y suis servi. C'est pourquoy ie m'imagine qu'ils liront cét ouvrage plutot pour remarquer par exemple si i'y ay dit Chemistes ou Chimistes, que pour aprédre la raison qui m'a obligé à ne les suivre point. Mais ils doivent s'assurer que dans un livre où ie traite seulement de la Philosophie & des choses qu'ele contient, ie ne veux pas leur contester la gloire qu'ils peuvent avoir sur moy, & qu'ils ne tirent que des mots & de la Grammaire. Neantmoins ie suis bien aize de vous dire que ie ne fais non plus d'état de leur iugement touchant ma Physique, que s'ils étoient assez ignorants pour n'y remarquer que les caracteres & le papier. Pour ce qui est de ceux qui prendront garde aux choses que i'y ay voulu traiter, ie suis assuré qu'ils n'en trouveront point que l'on puisse reprendre, sans condamner au méme temps beaucoup de grands personnages dont ie ne fais que suivre les sentiments. Ils n'en trouveront méme point que j'aye absolumét voulu persuader à ceux, qui ont l'esprit preocupé d'autres opinions. Cest pourquoy ie ne presente cette Philosophie qu'à vous qui l'aprenez: Encore vous ay-ie prié de n'en recevoir que les seules choses que vous aurez cõceües tres-clairement. Ie pense méme que quelques assurées que vous les puissiez iuger, neantmoins sçachant combien l'opiniatreté, particulierement lors qu'ele est acompagnée de l'interét, de la gloire & des anciens préjugez, a de pouvoir sur l'esprit de ces Philosophes, qui n'établissent pas la raison pour le fondement de leur doctrine; Vous devez dans les rencontres parler de céte Physique aveq pareille indiference que moy. Il faut seulement proposer sans ambiguité & hors de dispute ce qui vous semblera évident. Il faut tacher de faire examiner à chaqu'un les pensées qu'il a des choses pour distinguer celes qui sont obscures d'aveq les autres qui ne le sont pas. Enfin il faut faire connoitre que vous ne pretendez pas prouver les efets naturels, mais seulemét les expliquer; & les expliquer par des Principes, dont tous les hommes demeurent d'acord.

Fautes & Omißions survenuës à l'Impreßion de la premiere Partie de céte Physique.

PAge 3. *nombre* 5. raisonnable & la Matiere dont nous alons parler ou bien son Extension qui ne dépend d'aucune Creature. Cete definition est tres-semblable à cele dont on se sert ordinairement, lors qu'on dit que la substance est un étre qui subsiste par soy.

P. 9. lig. 7. Secondement ie réponds que comme l'on peut voir évidemment par l'exemple des points & des cercles que les Astronomes & les Geographes marquent dans le Ciel, il sufit

P. 16. l. 1. devant le n. XXII. proposer. Ce qui sans doute n'est pas seulement important, mais tout à fait necessaire pour combatre cete ancienne ereur, par laquéle plusieurs se persuadent, comme l'on vera apres, que nous connoissons les corps plus assurément que Dieu & nôtre Ame. XXII. La Nature

P. 21. l. 5. representer. C'est pourquoy si nous croyons de cõnoitre parfaitement un corps, dont nous remarquons la couleur, la figure & les autres qualitez: Certainement nous devons iuger que nous cõnoissons, si l'on peut parler ainsi, beaucoup plus de choses de notre Ame, dans laquéle, pour ne rien dire de cét Apetit que les Philosophes ont apelé raisonnable, nous remarquons toutes les diferentes facultez qu'ele a non seulement de nous representer ou la substance, ou les accidents de quelque étre particulier, mais une infinité d'autres choses. I'ay apelé diferentes ou separables les facultez que nostre Ame a de connoitre beaucoup de divers obiets; parce que Dieu pouvoit sans doute nous donner la puissance d'en connoitre seulement quelques-uns.

P. 23. l. 4. apres le n. XXX. & à la sainte Ecriture qui sont à leur advis les trois fondements de la Science naturele; du dernier déquels Robert Flud a tiré sa Philosophie Mosaïque.

P. 29. l. 6. apres le n. XXXVII. & comme parlent les plus éclairez!

P. 31. l. 2. apres le n. XLI. de la diversité des substances corporeles, ny

P. 36. l. 1. Apres avoir parlé des choses dont Aristote, comme l'on croit, s'est

P. 42. l. 8. apres le n. LII. Principes, dont nous alons traiter & dont ils sont cõme les suites. Outre que l'on doute s'ils composent les Mixtes, ou s'ils y sont produits seulement par l'action du feu. D'ailleurs

P. 50. l. 4. comment le Soleil par exemple peut dans

P. 60. *l.* 1. Enſegne aveq les Nominaux, que

P. 61. *l.* 6. ſorte. Ceux-là mémes des Philoſophes & des Theologiens Scholaſtiques, qui ne reçoivent pas tout ce nombre d'accidents réels dont les autres templiſſent leurs livres & leurs écrits, enſegnent que Dieu pour exercer nôtre Foy & pour cacher les merveilles de l'Euchariſtie, nous y fait paroiſtre les mémes choſes, qui y étoient avant cét inexplicable Myſtere & qui pour lors ne s'y trouvent pas. Apres

P. 68. *l.* 9. Il faut donq ſçavoir que le mouvement qui nous donne le ſentiment de la Chaleur doit étre divers, & tendre de diferents côtez. Car c'eſt pour cete raiſon, comme remarque Deſcartes dans ſes Meteores, que ſi l'on ſoufle ſur la main, on n'y ſent de la Chaleur qu'entre les doits, à cauſe que l'air s'y roule diferemment & que par conſequent il y remuë en diverſes ſortes nos nerfs & nos eſprits; A quoy l'on peut raporter l'experience que chaqu'un peut faire s'il remarque que l'air, dont l'agitation eſt diſſemblable & contraire, ébranle les feuilles & les petites branches des Arbres de toute une autre façon, que s'il n'étoit pouſſé que vers un ſeul endroit. D'où il eſt aiſé de conclure que le

P. 69. l. 4. parties. Ceux qui ont le moins examiné la nature des Fievres & de leur chaleur, n'ignorent pourtant pas qu'elles ſont des eſpeces de mouvement, qui ſe trouve dans le ſang & dans les eſprits: En éfet le poux qu'elles élevent, les redoublements qu'eles ont & enfin l'émotion qu'eles cauſent, ſont aſſez voir à chaqu'un cete verité. On

P. 73. *l.* 18. matiere laquele nous devons ſupoſer Etherée c'eſt à dire tres-ſubtile &

P. 87. *l.* 10. finy. I'ay dit ordinairement: Car l'existence par exemple & la necessité d'une chose infinie peuvent nous être connuës tres-clairement & sans aucune sorte d'incertitude. Il

P. 93. *l.* 11. *devant le n. CXIV.* production. Nous devons raporter en ce lieu ce que Descartes montre dans ses Principes de la Philosophie, assavoir qu'on ne peut point expliquer ce qui nous paroit des Planetes & des Cometes, si l'on ne supose un tres-grand espace entre la Sphere de Saturne & les Etoiles fixes. CXIV.

P. 95. *l.* 9. *avant la fin.* innombrables, parceque cependant que les unes s'avancent, il faut que les autres s'arétent à tous moments, ou que du moins eles retardent leur agitation. De

---

EXTRAICT DV PRIVILEGE DV ROY.

PAR Lettres patantes du Roy, il est permis à IAQVES DV ROVRE de faire Imprimer ou Graver, en François ou en Latin, ensemble ou separément, en Tables ou par Discours, toutes les Parties de sa Philosophie par tel Imprimeur & Libraire ou Graveur qu'il voudra choisir pendant l'espace de neuf ans entiers, à conter depuis l'Impression de chaque partie ou volume: Et defenses sont faites à tous Imprimeurs, Graveurs, Libraires & autres d'Imprimer, Graver, faire Imprimer ou Graver ny debiter ladite Philosophie ou aucunes de ses parties sous quelque pretexte que ce soit, sans le consentement dudit DV ROVRE à peine de confiscation des exemplaires, & de trois mil livres d'amande portée par ledit Privilege, signé par le Roy en son Conseil, OLLIER; du 19. iour de May mil six cens cinquante-trois.

Achevé d'Imprimer pour la premiere fois le 26. May 1653.

ABLE DES CHOSES CONTENVES DANS LA PREMIERE PARTIE DE LA PHYSIQVE.

Il aut m- pās l 'hy- ns rī- re

- *sa Notion, qui est conceüe en ces termes; La Science des choses corporeles,* nõbre I. *Il ne faut dõc pas s'etõner si dans la Physique nous ne parlons ni de l'Ame raisõnable par exemple, ni des actions qui luy sont propres.*
- *ses Parties, qui sõt deux Et cõme la secõde traite des corps en particulier, la premiere n'en parle que generalement* n. II. *C'est pourquoy l'on y doit considerer*
  - *la Connoissance que nous pouvons avoir des corps.* n. IV. *& que nous raportans à*
    - *l'Explication des termes dont les Physiciens se servent ordinairement* n. V. &c. *Ces termes sont ou*
      - *Propres à*
        - *la Substance*
        - *l'Accidens*
      - *Communs à la Substance & à l'Accidens*
    - *plusieurs Observations touchant*
      - *les Choses sensibles, qui ne le sont que par le mouvement.* n. XI. &c.
      - *leurs Causes* n. XV. *qui*
        - *pouvoent étre infinies* n. XVI.
        - *sont ordinairement insensibles* n. XVII.
        - *doivent étre tres-évidentes &c.* n. XVIII. & XIX.
      - *leurs Efets, où il faut principalement sçavoir qu'agir pour ce qui regarde les corps, c'est se mouvoir.* n. XX.
  - *leur Existence, laquele cõme l'on peut voir par les raisons qui la prouvent est moins connüe que cele de notre Ame & cele de Dieu.* n. XXI. &c.
  - *leurs Principes.* n. XXIV. *qui sont ou*
    - *Hors des corps & qui servent seulement à les connoitre (où l'on doit observer que nous ne traitons pas en ce lieu de la Cause efficiente ou du Principe qui produit la substance des corps, qui est Dieu seul duquel on parle dans la Theologie naturele) Ces Principes sont ou*
      - *Premiers, assavoir la connoissãce que nous avons de*
        - *notre Pẽsée & de nos sentimens* n. XXV. &c.
        - *Dieu en tant qu'il ne nous trompe pas dans nos perceptions évidentes* n. XXVIII. &c.
      - *Adioutez aux premiers par quelques Philosophes dont il faut combatre le sentiment.* n. XXX. & XXXI.
    - *Dans les corps, dont on peut expliquer la composition ou suivant*
      - *Les Peripateticiens* n. XXXII. *qui reçoivent la*
        - *Privation.* n. XXXIII.
        - *Matiere* n. XXXIV.
        - *Forme* n. XXXV. & suivants.
      - *Democrite, Epicure & Lucrece qui admetent*
        - *les Atomes* n. XLVI. &c.
        - *le Vuide* n. L.
      - *Les Chimistes qui trouvent dans la resolution des Mixtes le*
        - *Sel*
        - *Soufre*
        - *Mercure* — n. LI. & LII.
      - *Descartes* n. LIII. & suivants. *qui outre la substance des corps n'y reconnoit que leur*
        - *Mouvement* n. LVIII. &c.
        - *Repos* n. LXVI.
        - *Figure*, *Grandeur*, *Situation* — n. LXVII.
  - *leurs Atributs ou Qualitez.* n. *LXVIII. Surquoy il faut remarquer que ces*
    - *Atributs sont trois, assavoir étre*
      - *Etendu* n. LXIX.
      - *dans le Lieu* n. LXX.
      - *dans le Temps* n. LXXI.
    - *Qualitez, dont ie parle en general* n. LXXII. & *suivãts, peuvent étre aperçeües ou par*
      - *l'Atouchement, comme la*
        - *Fluidité & la Consistence* n. LXXVIII. &c.
        - *Pesanteur & la Legereté* n. LXXXII. &c.
        - *Chaleur & le Froid.* n. LXXXV. & suivants.
        - *Secheresse & l'Humidité* n. LXXXVIII.
        - *Lacheté & la Roideur.* n. LXXXIX. &c.
      - *la Veüe, comme*
        - *la Lumiere* n. LXXXXII. & suivants.
        - *l'Opacité & la Transparence* n. LXXXXVI. &c.
      - *l'Oüye assavoir les Sons* n. LXXXXVIII. & IX.
      - *l'Odorat & le Goust assavoir les Odeurs* n. C. *& les saveurs* n. CI.
  - *leur Assemblage qui est le Monde* n. CII. *dont on recherche*
    - *la Nature & la signification* n. CIII.
    - *les Causes* n. CIV.
    - *les Atributs* n. CV.
    - *l'Arangement, dont la connoissance depend des Hypotheses de*
      - *Ptolemée & de Tycho* n. CVI. & suivants
      - *Coperniq & Descartes* n. CXI. &c.
- *ses Avantages,* n. III. *où il faut sçavoir que la Physique est tres-utile pour aquerir la connoissance*
  - *de Nous-mémes*
  - *de Dieu*
  - *des Ouvrages de la Nature*
  - *des Choses dont on parle dans les autres Sciences.*

LA PHYSIQVE.

AVANT-DISCOVRS.

Où l'on explique la Notion, les Parties & les Avantages de cette Science.

I. LA Physique peut étre definie en ces termes, La Science des choses corporeles; Ie l'ay apelée Science, par ce que dans les discours qui la regardent, on ne doit recevoir que les seules choses que l'évidence de la raison peut nous découvrir: Les mots que j'ay ajoutez font voir que la Physique, contre l'opinion de certains Philosophes, a pour objet & considére plusieurs choses ausqueles on ne donne pas le nom de *corps*, de *nature* ou d'*étre mobile*; Mais celuy de *choses corporeles*, comme la figure, le mouvement, &c.

II. Ele a deux Parties, dont la premiére traite de ce qui

regarde generalement tous les corps ; De la cõnoissance que nous en pouvons avoir, de leur Existence, de leurs Principes, de leurs Atributs ou Qualitez, & de leur Assemblage, auquel on a donné le nom de *Monde*. La Seconde considere en particulier les premiers, les plus remarquables & comme quelques-vns parlent, les plus simples corps de l'Vnivers ; assavoir le Ciel & les Elemens, le Feu, l'Air, l'Eau & la Terre : Ele considere encore les autres corps que ceux dont nous venons de parler contiennent, & que quelques Philosophes apelent Mixtes, parce qu'ils les croyent seuls composez d'Elements. On les divise communement en Corps ou Mixtes Inanimez & Vivants: Les premiers se forment ou au dessus de nous, assavoir les Meteores ; ou au dessous cõme les Pierres, les Mineraux & les Metaux à qui plusieurs pour cete raison donnent le nom de Fossiles. Les Corps vivants comprenent les Plantes, les Animaux, l'Homme. Ceux qui apelent les Meteores des Corps imparfaits, ne prennent pas garde, ce semble, que les Eaux, les Pierres & les Feux qui se forment dans les nuées, sont de méme nature que les autres Corps qu'ils nomment parfaits.

III. La Physique est tres-utile & tres-necessaire pour nous cõnoitre nous mémes qui sommes composez d'vn corps : Pour élever nostre Esprit à la consideration d'vn premier Etre, dont les perfections infinies nous sont en quelque façon representées dans les choses visibles : Pour contempler les divers ouvrages de la Nature, dont les ignorans ne remarquent pas la beauté : Enfin ele est tres-avantageuse pour aquerir plus parfaitement les autres Sciences, dans léqueles on explique où les choſes corporeles dependemment de la Phyſique, ou les choſes ſpirituelles par raport à celes qui tombent ſous les ſens.

PREMIERE PARTIE DE LA PHYSIQVE.

CHAPITRE PREMIER.

De la Connoiſſance que nous pouvons avoir des Corps.

IV. PVisque cete Cõnoiſſance dépend de l'explication des termes dont les Phyſiciens ont acoutumé de ſe ſervir, & puis qu'ele a pour objet les choſes ſenſibles, leurs cauſes & leurs efets; il eſt neceſſaire d'en parler dans les Articles ſuivans, afin que nous aprenions en général queles ſont les choſes, dont nous deuons apres cela faire vne plus curieuſe & plus exacte recherche.

ARTICLE I.

Explication de quelques termes dont on a ſouvent acoutumé de ſe ſervir dans la Phyſique.

V. J'Apele Subſtance, ce qui peut exiſter ſans le ſecours d'aucune choſe créée, comme l'ame raiſonnable.

VI. On donne le nom de Corps à tout ce qui eſt naturelement étendu & capable de mouvement, de figure & de situation. C'est encore ce que j'apele Matiére, dans laquelle il n'y à rien qui ne puisse recevoir le nom de Forme.

VII. Ie prends le mot d'Accident ou de Façon, pour ce qui diversifie la Substance. Car vn Corps, par exemple, est diversement disposé & modifié par sa figure, par son mouvement, &c. C'est aussi ce que les Latins apelent Mode.

VIII. Les Accidens & les Façons, dont nous venons de parler, reçoivent encore le nom de Qualitez, qui qualifient, c'est à dire, distinguent les diverses Especes des choses créées.

IX. On apele encore les choses qu'on remarque dans les Corps, ou Principes lors qu'eles sont connües évidemment, & qu'eles servent pour en connoitre d'autres, ou Diférences & Propriétez, si eles ne conviennent qu'à certaines espéces de Corps, ou Attributs lors principalement qu'on les considére comme immuables; C'est pourquoy on n'apele pas Qualité, mais Attribut l'etenduë des Corps. Le mot de Principe dont je me suis servi, signifie en beaucoup d'autres endroits de la Physique, la cause qui produit les Corps, ou les parties qui les composent.

X. On a acoutumé de prendre ces mots, *Nature*, & *choses Natureles*, ou pour les corps, ou pour ce qu'on ne raporte ni à l'Art ni à la Grace. Il arrive encore tres-souvent, que le mot de *Nature* signifie l'Essence des choses, comme *l'homme est de cete Nature*: d'autrefois, il signifie la Cause des choses naturelles, comme, *la Nature nous a donné, &c.* Ce mot, comme presque tous les autres, se prend encore en plusieurs sens que je laisse : Car, outre que je ne pretends pas faire ici vn Dictionnaire, la suite du discours, où on les employe, les peut donner à connoitre tres-aisément.

ARTICLE II.
Queles sont les choses sensibles.

XI. QVoy que tous les Physiciens recherchent les Causes des seuls efets sensibles & aparents, on ne laisse pas d'en trouver qui ignorent, que rien n'est sensible que par le mouvement, ou mémes le seul mouuement diversifié par la figure, la situation & les autres accidents des corps. C'est toutefois ce que les plus excelens Philosophes de l'Antiquité se sont persüadez avec Democrite & Lucrece : C'est ce que l'on semble encor aujourd'huy enseigner dans les Ecoles, lors qu'on n'explique la Nature qu'en ces termes, Le Principe du mouvemét & du repos: C'est enfin, ce que le sçavant Hobbes & plusieurs autres Philosophes marquent assez, lors qu'ils assurent que le seul ou le principal objet de la Physique est le mouvement. Que si le sentiment de ces Grands Hommes est veritable, il faut sans doute avoüer que nostre Ame doit étre de tele nature, que la seule varieté des mouvements corporels produit en ele toutes les diférentes Pensées, qu'ele peut avoir par les sens: Et bien que cete verité semble devoir étre indubitable à quiconque croit comme Aristote, que les cinq Sens ne sont que diferentes Especes du Sens du Toucher, qui n'aperçoit rien que par le mouvemét, ainsi que l'experiéce le mótre, je ne laisseray pourtãt pas d'ajouter en ce lieu quelques raisonnemẽts tirez de ce que ces diverses qualitez que nous sentons ne sçauroiẽt étre distinctes du mouvemẽt, qui seul peut étre receu dans le sujet & dãs l'organe du sens; & quipar sa diversité peut nous donner des connoissances tres-diferentes. Ie ne pense pas que personne puisse en suite de cela se persuader céte erreur populaire, que toutes les mémes choses que nous cõnoissons par les sens, se trouvent necessaire-ment dãs les sens. Car nous voyons par exemple la grandeur, le repos & plusieurs autres accidents des choses, lesquels ne se rencontrent pas toujours dans nos yeux.

XII. Nous ne sçavons pas que les Formes purement materieles & celes de leurs qualitez qui sont aperceuës ou par l'Atouchement, comme le froid & la chaleur; ou par la Veuë, comme la lumiere; ou par l'Oüye, assavoir les sons; ou enfin par le Gout & l'Odorat soient autre chose dans les objets que la diversité du mouvement, de la figure, de la grandeur & de la situation des parties qui composent les Corps, & qui peuvent mouvoir nos nerfs en autant de diferentes façons qu'eles y excitent de diferents sentiments. Bien loin de sçavoir que ces formes soient distinctes de ces autres accidens dont je viens de parler; Nous ne sçaurions douter qu'eles ne soient vne méme chose, si nous lisons avec atention & sans prejugé ce que je dois ajouter à la fin de cete Premiere Partie de la Physique touchant lès qualitez sensibles. Cependant on le peut prouver en premier lieu par ces étinceles de feu qu'il nous semble voir lors que nous recevons en l'œil, ou sur la temple vn coup assez fort pour ébranler le Nerf optique: Secondement par ce bruit confus que l'on entend lors qu'on s'est bouché vne oreille, car il est certain qu'on ne le sçauroit attribuer qu'à l'agitation de l'air renfermé. En troisiéme lieu par l'exemple d'vne épée, dont le mouvement & la figure excitent en celuy qui en est blessé vn sentiment de douleur tres-diferent de sa cause. Pourquoy ne croirons nous pas le méme des odeurs & des gouts?

XIII. Les nerfs que les Philosophes & les Medecins avouënt étre les organes des sens sont comme des filets tendus depuis les extremitez du corps jusques au cerveau, qui est le principal siége de l'ame, à laquele ils ne sçauroient raporter que le mouvement qui leur a esté imprimé par les objets.

XIV. On peut remarquer dans l'Ecriture & dans les Paroles que des mouuements presque semblables de la plume ou de la langue peuvent exciter en nous la pensée des choses tres-diferentes; & nous porter en suite à beaucoup de diverses passions.

ARTICLE III.

Observations sur les causes des Corps.

XV. ON ne remarqueroit pas tant d'obstination ny tant d'erreurs en ceux qui apres avoir negligemment recherché les veritables principes des choses sensibles, s'assurent de les avoir infailliblement trouvez, s'ils consideroient que les Causes de ces efets & les façons de les produire peuuent étre infinies, qu'eles sont ordinairement insensibles, & que neantmoins eles doivent étre dans la Physique tres-connuës & tres-évidentes.

XVI. L'experience nous aprend que l'on peut produire vn méme efét par divers moyens, pour exemple vn méme mouvement par diferentes machines: & si cela n'étoit point veritable, il faudroit sans doute condamner & d'erreur & d'ignorance tous ceux qui font aujourd'hui profession des Arts, & particulierement de la Medecine; Car on n'en trouvera jamais deux, qui bien que sepatément capables de rendre par exemple la santé à vn malade, se servent neantmoins ou des mémes moyens ou des mémes ordonnances. Comme la Sagesse de Dieu le releve infiniment au dessus des hommes, aussi il ne faut point douter qu'il ne puisse en vne infinité de façons, qu'on ne sçauroit concevoir parfaitement, produire les choses natureles & nous en donner neantmoins tous les mémes sentiments que nous en avons dans cet ordre avec lequel il gouverne presentement le Monde. C'est en suite de cela qu'on peut par ocasion resoudre vne dificulté que plusieurs Theologiens estiment tres-grande; Si Dieu prend les meilleurs moyens pour arriver à la fin qu'il se propose; Personne ne doute que tous les moyens qu'il met en vsage ne soient fort bons; Mais, puis qu'ils peuvent étre infinis, il ne s'en trouve tres-assurément aucun qui soit meilleur que tous les autres. Si les Causes & les Façons dont Dieu a pû se servir dans la production des choses sensibles sõt infinies: Ne nous objectera-t-on pas qu'il est entierement impossible que les Physiciens sçachét jamais ou déterminemét ou avec certitude cõment & par quels principes la nature produit presentement ses éfets; Ie répons à cela en premier lieu, que ceux-là mémes qui font profession de douter de toutes choses, se se persuaderont neantmoins tres-facilement que les Causes des efets sensibles sont Dieu & les Creatures, ou ensemble ou separement; Les Philosophes apelent Dieu le premier Moteur, & il n'y a point d'ignorant qui n'ait souvent remarqué que pour ce qui est des Creatures, eles se communiquent les unes aux autres leurs mouvements. Secondement je répons qu'il sufit pour l'vsage de la vie qu'on supose des Principes, & qu'on s'imagine des Causes qui puissent produire les efets que nous voyons. C'est pourquoy Aristote méme dans le 7. chapitre du Livre premier des Meteores, assure que les choses qui ne tombent pas sous le sens sont sufisament demontrées, si l'on fait voir qu'eles peuvent étre de la façon qu'on les explique. Nous devons neantmoins nous persuader, & c'est ce que je répons en troisiéme lieu, que les supositions par lesqueles on fait connoitre tous les divers efets de la Nature sont veritables. Car celuy, par exemple, qui dechifre vne letre croit qu'il en a trouvé le vray sens, lors que sa façon de lire s'acorde parfaitement avec ce qu'il lit. Outre celà, nous ne devons pas nous imaginer que Dieu qui est la source de la verité, permete que nous tombions dans l'erreur, lors que nous vzons bien de la raison qu'il nous a donnée, lors que nous ne recevons que les seules choses dont nous avons vne claire perception, & enfin lors que nous ne connoissons point d'autres principes, par léquels nous puissions expliquer les efets naturels.

XVII. Lucrece qui a autant ou plus excelé dans la Physique que dans la Poësie, montre par plusieurs raisons que les Principes des Corps sont imperceptibles.

...Nequeunt oculis, rerum primordia cerni.

Surquoy il me semble qu'il arrive la méme chose dãs la Nature que dans vne Horloge, dont l'Aiguille qui marque les heures & qui paroit seule au dehors, est conduite par des secrets & invisibles mouvemẽts: Neantmoins les ouvrages des hommes diferent principalement de ceux de la Nature, en ce que les ressorts & les instruments qui les composent sont sensibles, grossiers & en vn mot proportionnez à la main qui en est l'ouvriere; Là où les organes qui se trouvent par exemple dans vne mouche ou dans vn ciron nous font voir manifestement, que la Nature travaille sur des corps d'vne petitesse inimaginable. Ie ne parle pas maintenant des Esprits par léquels tous les animaux produisent leurs operations; Ie ne parle pas non plus de ces corps subtils & penetrants qui leur font pressentir les dispositions & les changements de l'air : Enfin je ne parle point de ces vapeurs qu'on ne sçauroit apercevoir que par l'assemblage de leurs diverses parties, lors qu'eles s'épaississent en eau; L'acroissement & la diminution des plantes nous fait assez connoitre qu'il y a des corps que le Sens ne peut pas observer Doute-t-on qu'il ne se trouve des Suqs corrosifs & des Essences caustiques, dont les parties quoy qu'imperceptibles doivent neantmoins étre ce semble disposées en quelque façõ cõme des burins ou des limes, pour produire les efets que nous remarquõs.

Corporibus cæcis igitur natura gerit res.

La Nature opere dõq d'vne façon où nos sens sont entierement aveugles; à quoy les exẽples ne s'acordent pas seulement, mais encore la raison : Car puis qu'il est certain, que pour étre sensible il faut mouvoir quelque partie de notre corps, il est certain aussi que toutes les choses materieles qui sont divisibles à l'infiny, ou du moins jusques à vne extreme & incomprehensible petitesse, n'ont ny assez de force ny assez de grosseur pour produire cét effet. L'experience m'a fait voir tres-souvent que plusieurs convaincus par la force du raisonnement, que je viens de faire, avoüent en ce lieu que les Principes des Corps sont imperceptibles au sens, & neantmoins ils ne peuvent ailleurs s'étõner assez, de ce que ie supose des choses qu'ils ne voyét pas comme des pores, des parties canelées, &c.

XVIII. Si les causes des efets naturels & la façon de les produire peuvent étre infinies, comme nous l'avons prouvé & comme Aristote méme l'a cru touchant les parties de la quantité : Si les Principes de ces efets sont outre cela insensibles, ainsi que nous venons de dire ; il semble qu'on ne les pourra pas apeler evidents, ny consequemment atribüer à la Physique le nom de Science. Pour lever cete dificulté je demeure premierement d'acord, que les principes par léquels nous connoissons les choses natureles doivent étre clairs & evidents, autrement les Consequences que l'on en tireroit seroient obscures, & de cette sorte inutiles à établir vne veritable science. C'est pourtant à quoy les Physiciens ne prennent pas ordinairement garde. Car, comme nous verrons apres, ils suposent presque tous des Principes dont ils n'ont pas vne claire perception, & s'imaginent que les Consequences qu'ils en tirent, sont plus claires que leur Antecedent: Mais quoy qu'eles en fussent déduites manifestement ; Neantmoins, on ne les pourroit pas apeler evidentes, ainsi que l'exemple des Syllogismes

Theologiques nous le fait voir Car leurs Conclusions sont obscures, bien que la façon de les tirer soit evidente. Il me semble que les Physiciens devroient faire reflexion à la clairté des Mathematiques, qui sont presque les seules Sciences où nous pouvons trouver de veritables Demonstrations, & des Principes manifestes & indubitables. Ils iugeroient assez que le dessein de ces anciens & nouveaux Philosophes qui ont voulu expliquer la nature des Corps en la méme façon que les Mathematiciens traitent de leur obiét, est tres-noble & tres-illustre. Secondement ie supose pour répondre à la dificulté precedente, qu'il y a de la diference entre la Science & la Comprehension. Ie sçay par exemple & connois évidemment qu'il est jour mais je ne comprends pas le iour, c'est à dire ie n'en ay pas vne parfaite & absolument entiere connoissance; j'ignore sans doute quelques vns de ses éfets, de ses raports & de ses principes. C'est pourquoy ie ne fais point dificulté d'avoüer que nous ne comprenons peut-étre rien, mais ie dis pourtant que nous sçauons quelque chose. En troisiéme lieu ie soutiens que les Principes de la Physique seront évidents, & que consequemment ele poura étre une veritable Science, si nous discourons des corps insensibles par raport à ceux qui tombent sous les sens, & si loin de suposer d'autres Principes qui n'ayent nule connexité aveq ce que l'on en veut expliquer, nous acordons à ces choses que nous ne voyons pas, des mouvements & des figures semblables aux mouvements & aux figures que nous voyons. Car pour faire connoistre par exemple la nature des Sels, rien ne nous peut empécher de dire que la durté, le mouvement, l'inégalité & la pointe de leurs parties pique en ſorte notre langue, qu'ele en reçoit ce ſentiment d'acrimonie que chaqu'-un experimente. A quel propos donq (ſi ce n'eſt peut-étre que nous voulions cacher notre ignorance ſous des termes inconnus) à quel propos recevrons-nous dans l'explication des choſes natureles ces ſecrets inſtincts, ces qualitez ocultes & ces formes ie ne ſçay-queles qui rempliſſent aujourd'huy la Philoſophie ?

XIX. Apres avoir parlé de l'évidence des Principes dont nous devons nous ſervir, ie veux briévement & par ocaſion faire voir à la fin de cét Article & leur neceſſité & leur étenduë. Il eſt certain que les autres choſes qu'on remarque dans la Nature, & que l'on connoit moins clairement que le mouvement, la figure & les autres accidents dont nous avons parlé, ſont à cauſe de leur obſcurité plutot des empéchements, que de veritables moyens pour aquerir les ſciences. C'eſt pourquoy ſi les Principes que ie mets en vzage n'expliquent pas tous les éfets naturels, du moins ils ſont les ſeuls qui nous donnent vne claire connoiſſance de ceux que nous pouvons ſçauoir. Ie crois auſſi qu'on ne doutera pas que ces Cauſes ne ſoient ſufiſantes & qu'on ne puiſſe leur raporter tout ce qu'il y à d'éfets corporels, puiſqu'eles ſoufrent vne infinité de diuerſitez, & qu'eles contiennent méme toutes les actions de la vie humaine & toutes les productions de l'art qui ſans doute imite la Nature, car il en aplique ſeulement les Cauſes à leurs ſujets. Au reſte parce qu'il y a peut-étre quelqu'un que le petit nombre des principes que ie veux recevoir ſurprend & que la facilité des choſes étonne; Ie le prie de conſiderer que la ſcience doit étre vne choſe tres-claire

& tres-manifeste, de prendre garde que suivant les Peripateticiens tout ce dequoy l'on sçauroit parler, dans la Nature se rapporte seulement à la matiere ou à la forme; Et enfin de se persuader que les choses natureles ont assez de difficulté pour ne l'acroitre pas par vne multitude de termes obscurs & extraordinaires, ou des raisonnements superflus.

ARTICLE IV.

Quels sont les Efets Corporels dont on doit rechercher les Principes.

XX. PArce qu'il y a plusieurs Philosophes qui recherchent dans la Nature beaucoup de productions substantieles hors de la creation de l'Ame raisonnable, Il est necessaire de les delivrer de cete erreur & de leur montrer la fausseté de leur prévention, afin qu'ils ne s'ocupent pas à un trauail inutile & qu'ils ne pretendent pas trouver ce qui n'a point d'existence: Ie crois que cela est d'autant plus important que nous voyons tous les iours des Peripateticiens qui veulent expliquer des éfets dont ils n'ont aucune connoissance, & dont neanmoins ils suposent à plaisir une cause materiele, formele, eficiente & finale. Ie dis donq en peu de mots, que comme l'on verra plus au long dans les discours suivants, il ne faut reconnoistre dans les Corps que leur substance & leurs accidents. Leur substance consiste en ce qu'ils sont naturelement étendus & leurs accidents se raportent tous au mouvement, au repos, à la grandeur, à la figure & à la disposition des parties. La substance & la matiere a été créée au commencement du Monde; Mais les Accidents sont ou produits ou détruits tous les iours suivant l'exigence des Causes natureles, qui à proprement parler n'ont point d'autres éfets. Pour ce qui est de leur action ele est la méme que leur mouvement & leur mouvement local, Car ie n'en supose point d'autre dans la Physique. De sorte qu'agir en ce qui regarde les corps, se mouvoir & separer ou unir les choses sont des termes synonimes & d'une méme signification. En un mot la Nature ne travaille pas autrement dans les corps insensibles, que l'Art sur un suiet grossier, par exemple sur des pierres dans un batiment, ou sur du papier & des caracteres dans l'Ecriture & dans l'Imprimerie.

Intervalla, viæ, connexus, pondera, plagæ,
Concursus, motus, ordo, positura, figuræ
Cum permutantur, mutari res quoque debent.

Si ces vers de Lucrece sont veritables, il faut dire que les choses qui sont accidenteles à la matiere ne laissent pas d'étre essentieles au Tout Naturel, puisqu'il est ou produit ou corrompu par le seul changement des intervales, de l'ordre & de la connexité des parties, qui le composent.

CHAPITRE SECOND.

De l'Existence des Corps.

XXI. APres avoir parlé de tout ce qui peut conduire notre raisonnement dans la consideration des choses sensibles, de leurs causes & deleurs éfets; La prémiere verité que nous devons établir est que les Corps existent : Car quelques Philosophes ont cru qu'en ce Monde, où il n'arriue que du changement, nous étions dans vne perpetuele illusion & comme dās vne Comedie où l'on ne verroit que de faux visages. Ils ont pensé que les choses corporeles n'avoient point d'autre existence que dans notre Esprit, qui les considere, qui les compare & qui en fait tous ces divers raports où leur essence semble consister. Ie ne sçay s'ils se sont persuadez que l'étre fut incommunicable à autre qu'à Dieu, qui dans l'Ecriture prend le nom de Celuy qui est. Ceux qui traitent les Sceptiques de foux & de réveurs s'imaginent qu'on peut refuter l'opinion de ces Philosophes par des iniures, léqueles toutefois feront sans doute voir l'ignorance ou la passion de ceux qui s'en servent, plutot que leur raisonnement. Il est donc necessaire de prouver l'Existence des Corps ; Mais il faut auparavant montrer que les raisons qu'on tire ordinairement de ce que nous experimentons en nous ont plus de foiblesse que de force, si l'on considere sans préjugé la façon aveq laquele on a acoutumé de les proposer.

XXII. La Nature méme, dit-on communément, nous enseigne cete verité de l'existence des Corps, & nous donne une inclination si forte & si puissante pour la croire, que nous ne sçaurions la des-avoüer. Ie répons que comme nos inclinations natureles nous portent aussi souvent au vice qu'à la vertu, nous ne pouvons pas assеurer qu'eles nous persuadent la verité plutot que le mensonge. Car si eles nous trompent en ce qui apar-

tient

tient aux mœurs & à la volonté, comment ne nous tromperont-eles pas en ce qui regarde les sens & la nature. L'autre raison par laquele on prouve ordinairement l'existence des Corps est cele-cy : Les choses corporeles frapent nos sens mémes malgré nous, & lors que nous ne le voudrions pas : il faut donc qu'eles existent. Les Sceptiques répondront à cela facilement. Car ils diront en premier lieu, qu'il y a peut-être en nous quelque faculté qui ne nous est pas parfaitement connuë, mais qui peut toutefois produire independemment de notre volonté & des choses materieles, l'idée & la connoissance de ces choses, comme il arrive pendant le sommeil. Secondement ils répondront, que Dieu peut nous presenter ou par une Intelligence ou par lui méme l'idée des Corps sans le secours des Corps. Enfin, ne pourront-ils pas dire que bien qu'il soit necessaire que les choses materieles impriment leurs images dans nos sens, & qu'eles forment dans notre esprit l'idée que nous en avons ; Toutefois, nul ne sçauroit s'assurer que cete idée leur soit semblable, puisque les Astronomes par exemple suposent que la façon dont nos sens representent le Soleil est fausse.

XXIII. Quoy que ce soit un prejugé commun presque à tout ce qu'il y a de Philosophes, que les choses corporeles sont connuës & plus clairement & avec plus de certitude qu'aucune de celes, à qui l'on donne le nom d'Esprit ; je pense neantmoins, comme je feray voir dans le prochain Chapitre plus amplement, que quiconque ne recevroit pas l'existence de Dieu, ne pourroit pas être assuré ni avoir une veritable demonstration de l'existence des corps. Car l'Experience nous montre cete ſeule verité, aſſavoir qu'il nous ſemble manifeſtement qu'il y a des choſes étenduës qui frapent nos ſens. Mais pour arriver à la connoiſſance des corps, par la connoiſſance que nous avons de cete penſée & de cete experience, il faut ſans doute ſupoſer que Dieu ne nous trompe pas dans les choſes qui nous paroiſſent evidemment. Car ne fait-on pas ce diſcours? Puiſque la penſée & le ſentiment qui nous ſemble venir des corps, eſt vne action qu'on ne peut attribuer ni au neant qui n'a aucune proprieté; ni à Dieu ou à quelque choſe ſpirituele dependante de Dieu, d'autant qu'il ne ſçauroit étre la cauſe de l'Erreur, il faut neceſſairement avouer qu'il y a des Corps, à l'vn déquels notre Ame eſt unie, comme les ſentiments de joye & de douleur qui nous arrivent de luy, le montrent manifeſtement.

CHAPITRE TROISIE'ME.

Des Principes des Corps.

XXIV. On peut établir deux ſortes de ces Principes. Car il y en a qui ſont hors des Corps & qui ſervent ſeulement à les connoitre, c'eſt pourquoy ils peuvent recevoir le nom que quelques-vns leur donnent, de Principes de connoiſſance, Ils ſont ou premiers ou ſubalternes. Les premiers qui ſont les fondements de la Science naturele, ne comprenent pas ſeulement l'exiſtence de la penſée & du sentiment que nous avons des Corps, mais encore l'existence de Dieu qui ne nous trompe pas dans les connoissances evidentes. Quelques Philosophes tirent des principes precedents ou plutot leur adjoutent ceux que j'ay apelez subalternes, assavoir le Sens, la Raison & l'Ecriture qu'ils établissent dans la Physique, pour les régles de la verité. Il y à d'autres Principes qui sont dans les Corps, & qui en forment toutes les diverses Especes. C'est pourquoy on les apele Principes de la chose ; Ils sont diferemment expliquez par diferents Philosophes ; par Aristote & les Peripateticiens, par Democrite, Epicure & Lucrece ; par les Chimistes & par Descartes. Les Peripateticiens soutiennent, que la Privation est le terme duquel les efets naturels qu'ils composent de Matiere & de Forme, arrivent à l'existence ; Les Sectateurs de Democrite expliquent les choses materieles par le Vuide & les Atomes. Les Chimistes prouvent par la resolution des corps, qu'ils sont composez de Sel, de Soufre & de Mercure. Descartes outre la substance des choses corporeles, de laquele comme nous avons déja dit, Dieu seul est la Cause eficiente, ne reçoit que leur mouvement & ces autres quatre Principes dont nous avons parlé assez souvent.

ARTICLE I.

La Connoissance des Corps depend de cele que nous avons de notre pensée & de nos sentiments.

XXV. LA raison pourquoy la connoissance de notre pensée est le premier Principe de la Physique, (soit qu'il soit propre à cete science ou qu'il soit tiré de la Theologie naturele) se prend de ce que pour demontrer, les Corps & pour en avoir une assurée & parfaite science, il faut suposer ce que ni les Sceptiques, ni les autres qui semblent revoquer en doute l'existence des choses materieles, ne peuvent pas nier; assavoir que du moins il nous semble manifestement qu'il y a des corps. C'est pourquoy j'avouë que nous sommes bien plus assurez de l'existence de notre pensée & de notre Ame, que de cele des choses corporeles. Car je suis certain que je connois, bien que peut étre je doute si la chose que je connois existe.

XXVI. La connoissance que nous avons de notre pensée & de notre Ame n'est pas seulement plus certaine que cele que nous avons des Corps, ele est encore plus claire & plus étenduë. Notre Ame est en nous, ou plutot c'est nous mémes qui pensons. Les autres choses ausqueles nous pensons sont hors de nous, & nous ne les sçaurions connoitre que par notre Ame. D'ailleurs une image se fait plutot & plus clairement connoitre que celui qu'ele represente: Notre pensée pareillement se fait connoitre soy-méme avec plus de clairté que l'objet qu'ele exprime.

XXVII. Ce qui fait voir la fausseté de cete autre prevention, par laquele presque tous les Philosophes de ce temps se persuadent qu'ils connoissent moins de choses de leur Ame & de leur pensée, que des objets corporels; c'est de considerer que la connoissance que nous avons de notre Ame comprend toutes nos perceptions, nos sentiments, nos volontez, nos jugeméts, nos doutes, &c. Et comme ce sont seulement diverses façons de pensée, aussi les choses que l'on peut remarquer dans les Corps ne sont que diverses façons de l'étenduë qu'eles suposét. Enfin tous les Atributs que nous apercevons dans les choses materieles nous marquent la puissance que nous avons de nous les representer.

ARTICLE II.

Il faut connoitre Dieu pour avoir une assurée démonstration des choses corporeles.

XXVIII. IE crois qu'il n'y a point d'homme qui ne doutât de l'existence des corps, s'il pensoit de pouvoir ou par la foiblesse de son Esprit, ou par la subtilité de quelque cause superieure, se tromper dans les connoissances qui luy semblent les plus évidentes & les plus certaines; C'est pourquoy chaqu'un doit necessairement suposer cete verité, assavoir qu'il est incapable d'erreur dans les choses, qui apres toutes les recherches dont il pourroit uzer luy paroissent toujours manifestes & assurées. I'ajoute que nul ne peut aueq raison suposer cete verité qu'il ne soit entierement convaincu de l'existence & de l'infinie perfection d'un premier Etre. Quiconque connoist Dieu ou par la Foy ou par la science & la demonstration, est certain de ne se tromper pas dans les choses dont il a évidence; Car comme il ne sçauroit corriger cete erreur, il ne sçauroit aussi l'atribuer qu'à l'Auteur de sa nature, lequel pourtant est la source de la verité. Mais ceux qui sont si impies & si aveuglez que de nier la Divinité,

d'autant moins puissant qu'ils s'imagineront l'auteur de leur origine; d'autant plus facilement ils craindront de se tromper. Il est donq certain que les tresors de la science & de la sagesse, comme l'Ecriture nous aprend, sont en Dieu, & il est certain que quiconque doute de l'Existence de Dieu, doit au méme temps douter mémes des choses qui luy semblent manifestement étre hors de sa pensée. De sorte qu'vn Athée qui prend ses Ancétres pour les seuls auteurs de sa nature, peut croire que comme son extraction est tres-imparfaite & pour ainsi parler purement humaine, il a peut-étre receu aveq la puissance de connoitre les choses, l'imperfection & le defaut de les connoitre faussement,

XXIX. Les Philosophes vulgaires qui expliquent la Physique avant que d'avoir prouvé l'existence de Dieu dans la Theologie naturele se contredisent manifestement: Car ils veulent ce semble élever sans fondement un édifice, & quoy qu'ils soutiennent que la science nous fait connoitre les efets par leurs causes; Toutefois sans parler de Dieu qui est l'Auteur des Corps, ils prétendent démontrer l'existence & les proprietez des Corps. Ce qui les trompe, c'est que cóme ils ne sçavent pas que par la seule idée que nous avons de Dieu on puisse prouver qu'il existe, ils pensent sans doute que la démonstration & l'assurée connoissance des choses sensibles ne dépend pas de la connoissance de la Divinité; Mais plutot la connoissance de la Divinité, de cele des choses sensibles, dans léqueles on peut dire veritablement que les perfections infinies de leur Createur sont manifestées; Mais on ne peut pas dire que sans connoitre Dieu l'on ait iamais une parfaite science des objets materiels.

ARTICLE III.

Des choses que quelques Philosophes croyent être les regles & les fondements de la Physique.

XXX. COmmenius assure apres Vives & Cãpanella, que nous ne devons discourir des questions Physiques que conformément au Sens, à la Raison & à l'Ecriture, qui sont à leur advis les trois fondements de la Science Naturele.

XXXI. Personne ne doute que dans les discours qui regardent la Nature, on ne doive consulter la Raison & le Sens, Mais outre qu'il semblera à plusieurs qu'il faut plutot faire de ces deux choses un Principe complét que deux diférents fondements, je ne sçay si l'on ne pourroit pas encore dire que puisqu'on donne le nom de science à la Physique, & puis qu'on ne l'apele ni experience ni foy ou divine ou humaine, on n'y doit point établir d'autre régle que la Raison qui à la verité est quelquefois accompagnée du Sens, mais qui ne l'est pas toujours. Ajoutez à celà que suivant l'opinion de plusieurs Philosophes, les actions des sens ne nous font pas connoitre la Nature des objets corporels, qui sont composez de parties insensibles: Eles nous representent seulement l'avantage ou l'incommodité qu'ils ont acoutumé de nous aporter. Ie ne desavouë pourtant pas que comme les accidents internes à une chose sont la chose mémo entant qu'ele en est diversifiée, le Sens qui represente ces accidents, nous represente aussi en quelque façon la ſubſtance qui en eſt le ſujet. Quoy qu'il en ſoit puiſque chaqu'un demeure d'accord que nous avons par les ſens ou autrement l'idée de certaines choſes corporeles dont il faut rechercher d'ailleurs & l'exiſtence & la nature, comme nous avons fait voir dans les Articles precedents, il ſeroit inutile de nous arréter en celuy-cy plus long temps à examiner la queſtion que nous y avons propoſée au cõmancement & que l'on ne doit raporter qu'aux termes. Pour ce qui eſt de la Sainte Ecriture, il eſt indubitable qu'ele n'eſt pas le fondement de la Phyſique : Car quoy que les Phyſiciens ne ſe doivent rien perſuader qui luy ſoit contraire, puis qu'ele eſt tres-veritable & inſpirée de Dieu ; Ils ne doivent pas non plus recevoir des choſes qui combatent la Logique par exemple, ou la Morale qu'on n'apelera pourtant pas les fondements de la Science Naturele. D'ailleurs puiſque nous avons été hommes avant que d'eſtre Chreſtiens, nous pouvons ſans doute cultiver notre raiſon par la Phyſique & par les autres Sciences humaines, afin de perfectionner en ſuite notre Foy par la Theologie. Cependant nous ſerons aſſurez que Dieu étant auteur de la Lumiere naturele & ſur-naturele, l'une ne repugnera pas à l'autre. Enfin on ne nous oblige pas à croire que le Saint Eſprit ſe ſoit propoſé d'autre fin dans l'Ecriture que de nous enſeigner les choſes qui regardent l'état de la Grace & de la vie avenir: C'eſt pourquoy ele eſt le fondement de la Foy, & non pas de la Science que perſonne n'établit ſur l'autorité. Les Principes mémes que Commenius dit avoir tirez de la Geneſe, aſſavoir la Matiere, l'Eſprit & la Lumiere font aſſez voir qu'il s'eſt trompé dans ſon diſcours ; Car outre que le premier de ces Principes contient ce semble les deux autres, & que toute la diferécequi peut étre entr'eux depéd de là subtilité ou de la grandeur de leurs parties; On ne peut dire qu'ils soient ou assez generaux pour expliquer toutes les choses natureles, ou assez clairs pour nous en donner une manifeste connoissance qui est pourtant necessaire dans la Physique, si le titre de Science qu'on lui donne n'est point faux.

ARTICLE IV.

Les Principes Peripatetiques.

XXXII. LA Privation, la Matiere & la Forme sont tres-veritables, si par ces mots dont les Peripateticiens se servent pour exprimer leurs Principes, on entend qu'une chose materiele n'a pas toujours été de la façon que nous la voyons presentement; qu'il y a une substance étenduë capable d'étre diversifiée en plusieurs manieres, mais qui ne peut toutefoisétre ni corrompuë ni engédrée, & qu'il y a enfin des choses particulieres & propres à chaque corps. Si l'on explique les principes precedents comme ces sectateurs d'Aristote qui assurent aujourd'huy que la Privation est l'absence des formes substantieles, dont la Matiere est le sujet; je ne fais point dificulté de croire qu'ils ne soient premierement superflus: Car pour avoir une parfaite connoissance des Corps, il sufit de suposer que leurs parties peuvent étre diversifiées par tous ces accidents & en toutes ces façons dont nous ferons le denombrement dans le 7. Article. Secondemétobscurs:

Car quele idée a t'on jamais pû avoir de la forme substantiele ou de son eduction? Surquoi il faut remarquer que si les Peripateticiens disputent de leurs Principes, ils doivent beaucoup plus disputer de leurs Conclusions. En troisiéme lieu faux, comme on pourra voir apres, lors principalement que nous parlerons de la forme par raport à laquele les Peripateticiens expliquent en ce temps leurs deux autres Principes.

SECTION I.

De la Privation & de la Matiere.

XXXIII. LA Privation definie en ces termes, l'Absence d'une forme substantiele, est aussi chimerique que la chose dont ele est l'éloignement. Car puisque hors de l'homme dans lequel chaqu'un reconnoit une raison & une ame purement spirituele, il est inutile d'admetre d'autres formes que celes que nous recevons & que nous ne distinguons pas des divers accidens de la matiere: On ne peut sans absurdité s'imaginer pour Principe de la generation des corps, l'absence d'vne chose qui n'eut jamais d'existence & qui peut étre ne la sçauroit avoir. D'ailleurs puisque la privation est un non-étre & que le non-étre n'a nule proprieté, peut-on lui atribuer cele d'étre principe & principe d'une chose veritable & positive? Quelqu'vn a-t-il jamais dit que le neant fut le principe du monde encore que dans la creation il y ait un agent qui precede l'éfet, comme dans la generation il y a une matiere qui est avant la forme. Il faut ajouter à cela que puisque les choses corporeles sont maintenant les mémes, soit qu'eles ayent été auparavant ou qu'eles n'ayent pas été, on n'en sçauroit établir la privation pour un essentiel & necessaire Principe. Aussi Aristote n'en parle qu'indifferemment & aveq incertitude; Car il avoüe dans le premier livre de sa Physique, que c'est une chose tres-douteuse d'assurer qu'il y ait trois principes, quoy que pourtant ceux qui les soutiennent semblent, dit-il, en avoir quelque raison.

XXXIV. Les Contradictions où tombent les Peripateticiens lors qu'ils expliquent leur second Principe, & qu'ils lui attribüent les perfections ensemble & les defauts dont nous alons parler, font assez voir la fausseté de leur raisonnement. Ils suposent en premier lieu, que la matiere a une puissance si immense & un sein si fecond, que les agents naturels en peuvent tirer une infinité de formes qui n'y étoient pourtant pas, & qui consequemment doivent étre ou créees comme l'Ame raisonnable, ou produites à la façon des accidents. Secondement ils enseignent que cete substance n'est ni parfaite, ni active, ni étenduë & corporele, ni si vous voulez existente. Les Philosophes scholastiques l'apelent incomplete; Tous lui donnent le nom de Suiet & nul celui d'Agent; Alexandre Interprete Greq d'Aristote assure qu'ele est spiritüele, & plusieurs la distinguent encore aiourd'huy de la quantité; Enfin quoy que la matiere existe touiours & qu'ele ne se cprrrompe iamais comme la forme, Aristote neantmoins la compare au non-étre, & Alcinous dans la Doctrine de Platon nous aprend que suivant ce Philosophe qui en a été le premier inventeur, ele n'est actuelement ni

Corps ni Esprit, c'est à dire qu'ele n'est pas. La refutation de toutes ces erreurs depend de cete seule proposition ; Que dans les Composez purement corporels, il n'y a qu'une substance, soit qu'on l'apele Matiere, ou Corps, ou Extention ; & qu'il est autant inutile d'en admetre d'autre, comme il est dificile d'en faire voir la necessité.

SECTION II.

Des Formes substantieles.

XXXV. LA forme suivant le sentiment de tous les nouveaux Interpretes d'Aristote est une substance qui fait partie du Tout Physique, qui est réelement & entierement distincte de la Matiere, & qui enfin est le principe des diverses proprietez du Composé. Pour iuger de cete opinion il faut examiner les raisons & de ceux qui l'a suivent & de ceux qui la reietent.

XXXVI. On a accoutumé de prouver l'existence des formes substantieles par diverses raisons ; dont la premiere est tirée de ce que si l'on ne reçoit pas ces formes, les choses corporeles ne seront pas substantielemẽt diferentes ; au contraire cõme eles n'auront qu'une seule matiere, eles n'auront aussi qu'une méme essence & une méme definition. Mais outre que cete raison ne regarde à peine que le langage, on peut répondre que les hommes du moins seront substantielement diferents du reste des animaux qui ne sont pas composez d'une Ame raisonnable. Pour ce qui est des bétes si l'on ne se croit pas interessé à maintenir leur noblesse & leurs prerogatives, on peut assurer qu'eles ne sont distinguées les unes des autres que par la figure de leurs organes, & par la diverse disposition du reste de leurs parties. Enfin on peut dire que les choses materieles seront ensemble aussi differentes que les batiments par exemple ou les livres, qui n'ont nule forme substantiele & qui à la verité sont quelquefois semblables, mais jamais les mémes.

XXXVII. La deuxiéme raison est presque la méme que la precedente. Les Peripateticiens la proposent en cete sorte. Ils soutiennent que si leur opinion est fausse le Tout Physique & naturel ne peut iamais étre qu'un accident. Car s'il étoit une substance & comme parlent les plus éclairez un Tout par soy, il seroit composé de substances; Pour refuter ce raisonnement, il suffit de prendre garde que bien que la forme d'une maison ne consiste qu'en sa figure & en la disposition de toutes ses parties, la maison neantmoins ne laisse pas d'étre une chose substantiele; Il est sans doute qu'on peut parler en méme faço du Tout naturel: Bien plus rien n'empéche qu'on ne puisse dire que sa forme est suivant le sentiment de quelque Philosophe que ce soit, une veritable substance si on la prend pour la matiere méme qui en est diversifiée, ou pour des suqs par exemple renfermez dans les pores des plantes, ou enfin pour ces esprits & ces corps subtils & deliez par le moyen déquels les animaux se remüent; Pour ce qui est de ce mot *Tout par soy*, où ie vois que quelques-uns établissent une partie de leur science: Il me semble qu'on ne l'attribue pas d'ordinaire aux choses artificieles; Mais on en peut indiferemment vzer ailleurs, particulierement lors qu'on parle des ouvrages de la Nature, dont les parties ont une necessaire connexité.

XXXVIII. La troisiéme & la principale raison que les Peripateticiens metent en uzage montre qu'il faut recevoir un principe qui puisse & conserver & rétablir dans les choses le temperament qui leur convient : Or ce Principe, disent-ils, est la forme substanticle. Il faut pourtant avoüer que la cause des efets propres à chaque corps que les Peripateticiens suposent leur est si inconnuë, qu'ils ne la sçauroient expliquer que par vn ie ne sçay quoy: Aioutez à cela qu'elle est fausse ; Car puisqu'ils auoüent que le principal efet de la Nature est le mouvement par lequel ils la definissent, comment suposent-ils dans les choses materieles un principe immobile pour le produire? L'experience ne leur fait-ele pas voir, que nul corps ne sçauroit mouvoir un autre corps, tandis qu'il est luy-méme en repos, comme la forme substantiéle ? Enfin est-il vray-semblable que cete forme soit le principe du temperament propre à chaque chose, si ce qui rend par exemple à l'eau sa froideur ce n'est tres-assurement que l'absence de ces esprits de feu qui l'échaufoient avant qu'ils se fussent exhalez.

XXXIX. Plusieurs dans l'Ecole d'Aristote se persuadent qu'une marque evidente de la forme substantiele qu'ils atribuënt aux corps est la varieté de leurs changements, la diference de leurs operations, le raport de leurs parties & enfin la generation de leurs semblables. Ie veux examiner toutes ces raisons pour en faire voir la fausseté.

XL. Si à chaque changement des choses on doit recevoir une forme substantiele qui en soit le principe, combien n'en faut-il pas admettre lors par exemple qu'un grain de bled pourrit en terre & qu'il pousse un rejeton, une plante & enfin un épy ; lors qu'il est moulu, cuit & changé en chile ? Les Chimistes experimentent-ils pas tous les jours dans leurs fourneaux, que le seul degré de feu change la couleur, le gout & le temperament des choses dont il ne change pourtant pas la substance? Chaqu'un ne voit-il pas que la cire fonduë sans aucune diference de forme substantiele perd sa durté, sa froideur & en un mot tous ses autres accidents sensibles.

XLI. La diversité des operations n'est pas non plus une marque de la diversité des substances, ny en un méme Tout, ny en diferents Composez : En un méme Tout cõme dans une plante dont les racines, le tronq, les feüilles, la semence & les fruits ont une méme vie & une méme forme vegetante; ou dans un animal dont les parties, les facultez, les âges, les inclinations ne suposent pas divers principes substãtiels. Pour ce qui est des Composez distincts par exemple de plusieurs hommes, quoy qu'ils ayent une semblable matiere & une Ame raisonnable de méme espece, neantmoins ils sont ordinairement tres-diferents dans les qualitez du Corps & de l'Esprit; dans la couleur, la figure & la force; dans les mœurs, les afections & les jugements : Ce qu'on a accoutumé de raporter seulement à certaines choses accidenteles, à la disposition des parties, à la proportion des Elements, au mélange des humeurs & à d'autres semblables principes.

XLII. La forme ſubſtanciele eſt encore inutile pour faire l'union, la communication & l'accord qui ſe trouve dans les parties d'un Composé. Nous voyons tous les jours que pluſieurs diferents corps ſont unis, ou par eux-mémes comme l'or & l'argent, ou par d'autres corps comme par la cole & le maſtiq. Pour ce qui regarde la communication des aliments, ele ſe fait tres-ſouvent entre des choſes qui n'ont point de forme cõmune, dequoy l'on peut voir des exemples dans les cheveux & les ongles des animaux, dans un Fœtus, dans les entes & les guys des arbres.

XLIII. Enfin l'acord des parties qui cõpoſent vn Tout n'en fait pas voyr la forme ſubſtanciele, ſi ce n'eſt qu'on le croye moins intelligible que celuy qui ſe trouve dans ces vaſtes corps qui compoſent l'Vnivers, & qui dans leurs combats & leurs contrarietez ne laiſſent pas de garder une éternelle correſpondance.

XLIV. La Generation paroiſt tres-intelligible à quelques Philoſophes, lors qu'ils l'expliquent par la forme ſubſtanciele. Mais puis que cete forme leur eſt encore plus inconnuë que l'efet dont ils la croyent principe, il me ſemble qu'ils ſe flatent dans leur illuſion. Ils ne reçoivent que par prevention la forme dont ils nous parlent; Et s'ils croyent d'en concevoir la nature, c'eſt ſeulement parce qu'ils luy donnent un nom. Les generations natureles ne prouvent en aucune façon la verité de leur ſentiment. Eſt-il quelqu'un qui s'imagine que c'eſt par exemple l'ame des hommes ou la forme des corps morts qui produit des vermiſſeaux? Croira-t on que pour avoir l'intelligence des plantes & des animaux que le Soleil produit ſur la terre conformément aux diverses dispositions qu'il y rencontre, l'on doive supofer vne forme substantiele ? Chacun sçait-il pas que Dieu par son infinie & toute puissante Sagesse crea au commencement du monde diverses especes de choses ausqueles il donna le pouvoir de se multiplier par le moyen de leur semence, qui est ce semble un abregé & un confus amas de toutes leurs parties disposées en sorte qu'étant agitées par la chaleur, eles forment un Composé semblable à celuy duquel eles sont sorties.

XLV. Ce n'est pas assez d'avoir montré que les preuves dont on se sert pour faire voir l'existence des formes substantieles sont tres-foibles ; il faut encore aporter les arguments que ceux-là metent en usage, qui aiment mieux rejeter ces formes que de les admetre: Mais on doit auparavant remarquer qu'ils ne parlent point de l'Ame raisonnable, qui est immateriele & qui a des operations qu'on ne sçauroit atribuer aux organes du Corps. Ensuite dequoy je dis qu'outre les raisons que nous avons deja aportées dans la refutation de ceux qui reçoivent les formes substantieles, l'Ecriture est entierement pour nous, puis qu'ele enseigne que l'ame des bétes consiste dans leur sang; Ce que leur vie & leur mort fait encore assez voir. Il faut ajouter à cela le sentiment de tout ce qu'il y a eü de Philosophes hors de l'Ecole d'Aristote. I'ay plutot excepté l'Ecole & les Sectateurs d'Aristote qu'Aristote méme ; Car je feray voir apres qu'il a été vray-semblablemẽt de notre opinion: D'où l'on pourra aisément conclure que les Peripateticiens luy sont aujourd'huy contraires, & qu'ils ne le suivent que comme la nuit ſuit le iour. Empedocles, Democrite, Anaxagore, Leucipe, Epicure & Lucrece n'ont expliqué la forme & la diference des Corps que par les petites parties qui les composent, & qui par leur divers mélange, leur acroiſſement, leur diminution, leur figure, leur repos & leur mouvement produiſent tous les diferents efets qui tombent ſous les ſens. Ariſtote méme ſemble n'avoir receu pour la Forme des Corps que leurs quatre qualitez, qu'on apele vulgairement premieres, aſſavoir la chaleur, la froideur, l'humidité & la secheresse diferemment unies, & quoy qu'il se serve ſouvent du mot *Ousia*, il ſignifie toutefois l'eſſence des choſes plutot que leur ſubſtance, & n'explique les changements naturels que par celuy qui arive au bois dont on fait vne ſtatuë. C'eſt pourquoy ſi l'Art dans ſes ouvrages, par exemple dans l'Ecriture & dans les bâtiments fait ſeulement l'aſſemblage ou la ſeparation des choſes qui eſtoient auparavant; il ſemble qu'on ne doive pas ſuivant ce Philoſophe, atribuer à la Nature la production des nouveles ſubſtances. Quoy qu'il en ſoit, on ne peut deſavoüer qu'Ariſtote n'a iamais dans ſes ouvrages donné la reſolution d'aucune dificulté par la forme ſubſtantiele. Il n'eſt donq pas vray-ſemblable qu'il ait receu un Principe duquel il ne s'eſt pas ſervy. Ie penſe que la principale cauſe pourquoy ceux qui admetent cete forme ſe trompent dans leur raiſonnement c'eſt qu'ils s'imaginent qu'il faut en châque choſe recevoir un principe interne du mouvement, qui toutefois ne commence iamais en un Composé purement materiel que par quelque cauſe qui eſt hors du Composé, comme on peut prouver par vne infinité d'experiences & cóme chacun peut aisément voir de luy-méme, s'il considere que la matiere subtile dont nous parlerons ailleurs, l'agent & la cause de la generation sont touiours hors de l'efet. Ainsi quoy que le poix semble étre le premier principe du mouvement de l'horloge à laquele il est ataché; Neantmoins lors que nous parlerons des qualitez nous ferons voir qu'il est poussé par d'autres corps, & ceux là encore par d'autres, iusques à ce que l'on arrive à la premiere cause du mouvement, qui est Dieu ; où l'on ne sçauroit trouver nuls accidents, parce qu'il a tout par luy-méme & ne reçoit rien de dehors. Ce que i'ajoute pour montrer que le mouvement & les autres choses qu'on nomme accidenteles doivent, comme ce dernier mot semble encore le faire voir, arriver aux corps par une action externe & d'ailleurs que d'eux-mémes. L'autre cause de leur erreur c'est qu'ils ont tous suposé que les bétes acompagnent leurs mouvements des mémes connoissances que les hommes ont acoutumé d'avoir, & que l'on ne sçauroit raporter ny à la matiere, ny aux accidents, ny méme à aucune forme corporele, ce qu'ils ne croyent pourtant pas. La refutation de ce faux preiugé dépend des choses que nous dirons dans le Traité des animaux. La derniere & la principale raison, pour laquelle nous devons reieter les formes substantieles est qu'il n'y a aucune necessité qui nous oblige à les admetre ; Car les Peripateticiens mémes joignent ces formes avec les dispositions qui se trouvent dans la matiere, & qui seules sont tres-sufisantes pour expliquer tous les efets naturels que nous sommes capables de connoitre.

ARTICLE V.

L'Opinion de Democrite.

XLVI. APres avoir parlé des choses dont Aristote s'est seruy pour les fondements de sa Physique, & dont aujourd'huy les Philosophes du Colege font plus d'état, Il faut traiter des Principes de Democrite qui a été loüé par Aristote méme, admiré par Hipocrate & suivy par Epicure & Lucrece. Ces Principes comprennent les Atomes & le Vuide, qu'il faut ou admetre ou rejeter suiuant les diferentes explications qu'on leur donne: Car si l'on prend les Atomes pour des petites parties qui toutes insensibles qu'on les supose ont neantmoins leur grandeur, leur figure & leur poix ou leur mouvement, qui composent les plus grands corps & qui enfin leur donnent la solidité & la consistence suivant les auteurs dont i'ay parlé; cete opinion n'est pas entierement éloignée de la verité. Mais si l'on prend les Atomes pour des Points & des corps indivisibles, on ne sçauroit desavoüer qu'ils ne soient impossibles & chimeriques comme ie le feray voir par l'idée que nous avons des corps, par des arguments Mathematiques & par la refutation des preuves que l'on aporte pour établir ce sentiment.

XLVII. L'idée & la notion que nous avons des Corps nous les represente cõme étendus, figurez & capables de mouvement; qui sont des choses qu'on ne sçauroit attribuër aux corps indivisibles: Si ce n'est peut-étre qu'on supose qu'ils ayent quelqu'étenduë, & que de cete sorte on tombe dans la méme contradiction & dans la méme obſcurité que quelques nouveaux Philoſophes qui comparent ces corps aux Anges, léquels à ce qu'ils diſent ocupent tantot un plus grand & tantot un moindre lieu : Mais comme ils parlent des choſes dont ils n'ont pas eü ſans doute vne claire perception, leur raiſonnement eſt inutile pour établir une veritable ſcience & ne peut ſervir à autre deſſein qu'à entretenir les diſputes de l'Ecole. La cauſe pourquoy les Atomes dont nous parlons ne ſçauroient étre figurez eſt que l'on apele figure une quantité contenüe & environnée d'un ou de pluſieurs termes : Or le terme ſupoſe diverſes parties dont les unes ſoient au milieu & les autres au commencement. Pour ce qui eſt du mouuement l'experience nous montre qu'il eſt ou tardif ou vite, égal ou inégal ; Mais le mouvement des Atomes ſeroit toujours le méme, puis qu'on ne peut ſe l'imaginer ny plus grand ny moindre, que d'un eſpace indiviſible iuſques à l'autre. De toutes ces choſes il ſuit, que ceux qui aſſurent qu'il y a des Atomes, font un iugement contraire à la notion qu'ils ont des corps. Et il ne leur ſert à rien de dire que les corps indiviſibles qu'ils reçoivent ſont impenetrables. Car en premier lieu ils ſupoſent à plaiſir & contre Ariſtote méme dont ils ſe diſent Sectateurs, que les choſes qui ſe touchent entierement ne ſe penetrent pas. Secondement nous ne conçevons point des choſes corporeles & impenetrables qui ne ſoient étenduës & qui n'ayent ou ne puiſſent avoir pluſieurs parties. I'ay dit *puiſſent avoir*. Car quelques Philoſophes ſe perſuadent qu'un corps qui n'auroit en luy aucune diverſité de figures ou d'autres accidents n'auroit peut étre pas ses parties actuelement distinctes. Ie ne m'arréte pas davantage à examiner ces points étendus & enflez(comme ils les apelent) ni les responses qu'on aporte pour les soutenir: Car ie pense qu'afin de les refuter il sufit de dire que les Philosophes ne doivent pas acroitre le nombre des obscuritez, ni ioindre ensemble cele des choses & de leurs sentiments. Ie ne fais pourtant pas dificulté d'avoüer qu'à cause que l'Esprit humain est limité & tres imparfait; Nous ne concevons pas clairement ces divisions indefinies, que nous mémes suposons dans la matiere & dans la quantité: Mais nous concevons clairement qu'eles suivent de sa nature & de son extension, laquele on ne sçauroit se representer, qu'au méme temps on n'y distingue par la pensée diverses parties.

XLVIII. Il ne faut pas s'étonner si dans la Physique on se sert des mémes arguments que l'on met en usage dans les Mathematiques; Puis que ces deux sciences ont un méme objet, qui est la quantité & l'étenduë dont il est impossible de concevoir diferentes especes. Le premier de ces arguments nous fait voir que deux Cercles concentriques composez d'Atomes seroient égaux, comme on le demontre par le nombre des lignes tirées du centre de ces cercles à leur circonference. Le deuxiéme prouve l'impossibilité de tout Triangle qui n'est point équilateral, par exemple de l'Isocele; Car s'il avoit trois points en sa base, il n'en auroit que deux en la ligne qui seroit immédiatement au dessus: Et de cete sorte le sixiéme atome en feroit la pointe & la fin. Le dernier argument nous montre que si la quantité étoit composée de points, les cotez d'un Quarré seroient égaux à leur diametre & auroient un méme nombre de points.

XLIX. Ceux qui reçoivent des corps indivisibles tachent à les prouver par des arguments dont le premier est tiré des Mathematiques, comme ceux que je viens d'aporter pour combatre leur opinion. Ils disent que si deux corps parfaitement ronds se touchoient immediatement, ils se toucheroient en un point: On peut répondre que ce point d'atouchement n'est pas un corps, mais une façon inseparable des corps qui sont disposez pour se toucher ainsi que nous venons de voir. Et quant on acorderoit que cet argument est dificile; Neantmoins pour des choses qu'on ne conçoit pas, ou qu'on sçait d'ailleurs étre contradictoires; il ne faut point nier celes que l'on conçoit, comme l'étenduë en longueur, largeur & profondeur. Ces Philosophes enseignent en second lieu que la Nature s'arete à quelque chose determinément, & ne reconnoit point de divisions innombrables. Mais Descartes dans l'Article 34. de la deuxiéme Partie de ses Principes, fait voir que lors qu'une matiere se meut dans un espace circulaire & inégal, ele doit necessairement (quoy que nous n'en puissions pas comprendre la façon) se diviser en une infinité de parties. D'ailleurs les corps à la division desquels la Nature s'est une fois aretée peuvent par d'autres agents & en d'autres circonstances étre encore divisez.

L. On peut prendre le Vuide ou pour des corps qui ne font point de resistance sensible, comme l'air & presque toutes les choses liquides, qui suivant ces Philosophes donnent aux autres corps la molesse & la fluidité que nous y remarquons ; ou pour un espace qu'on supose étendu, mais qui ne contient pourtant aucun corps. Le Vuide ainsi expliqué est aussi faux, qu'il est veritable, entendu de la premiere sorte. Car puisqu'en cete derniere signification il n'est rien, il n'a certainement nule proprieté, & par consequent nule étenduë. Apres cet argument duquel ie puis dire, que les Philosophes contre qui nous sommes ne le sçauroient concevoir sans en étre au méme temps convaincus; Ie veux pour mieux faire voir la fausseté de leur sentiment, & des raisons dont ils l'apuyent, adjouter deux obseruations qui regardent les efets de la Nature & de l'Art, & ceux qui surpassent l'une & l'autre Ie remarque donq premierement que puisque tous les espaces sont pleins de corps, rien ne peut se remuër & quiter une place qu'au méme temps quelque chose ne luy succede pour la remplir. Cela fait assez voir que pour expliquer le mouvement, il ne faut point admetre de vacuitez, & que lors que l'eau ou quelques autres corps pesants montent il ne faut pas raporter cet efet à la crainte du Vuide. Car la Nature agiroit-ele de peur d'une chose impossible ? Pour ce qui est des autres experiences qu'on a encore acoutumé de nous oposer, eles ne prouvent pas non plus l'existence du Vuide ; Mais seulement de petits corps qui ne peuvent pas faire sur nos sens des impressions assez fortes pour se donner à connoitre & pour les mouvoir. C'est en cete sorte qu'on doit encore parler de la compression & de l'élargissement, qui arrive quelquefois à certaines especes de corps. Ie remarque en second lieu, que si Dieu détruisoit

ſoit l'air qui eſt par exemple renfermé dans cete chambre ſans la remplir d'aucune autre matiere, les murailles ſe toucheroient neceſſairement ; parce qu'il n'y auroit entr'eles aucun corps, ny conſequemment aucune diſtance.

ARTICLE VI.

De la Compoſition des Corps ſuivant les Chimiſtes.

LI. IE veux en ce lieu aporter l'explication des Principes Chimiques & les raiſons pourquoy l'on ne ſçauroit par leur moyen donner la connoiſſance des choſes natureles. Il faut donq obſerver premierement qu'il eſt tres-dificile de definir ces Principes non ſeulement à cauſe de l'obſcurité avec laquele les Philoſophes Hermetiques en ont parlé (car c'eſt une de leurs plus remarquables & peut-être plus abſurdes ſentences *Vbi palam locuti ſumus, ibi nihil diximus*: Nous n'avons rien dit lors que nous avons parlé clairement) mais parce que les plus ſçauants Chimiſtes avouënt que ny l'Art ny la Nature ne les ſçauroit ſeparer, & que conſequément il faut en chaqu'un les conſiderer & les comprendre tous. Neantmoins nous pouvons remarquer en ſecond lieu qu'ils demeurent preſque tous d'acord que le Sel donne aux Mixtes la conſiſtence, le Mercure la fluidité & le Soufre la chaleur. Ils ſont encore d'acord que comme aucune choſe n'eſt odoriferante que par le Soufre, ele n'a auſſi nule ſaveur qu'à cauſe du Sel. Nous pouvons en 3ᵉ lieu, ſuivant les opinions receuës communément dans leur Phyſique Resolutive, definir en cete sorte les trois Principes dont nous avons parlé. Le Sel est un Element que l'humidité dissout & que la secheresse coagule. Le Soufre est un Element de nature combustible. Le Mercure selon Liebaut est un Principe Chimique distinct du Soufre & du Sel. Plusieurs remarquent que comme le Soufre est une huile, le Mercure aussi est un esprit diferent par consequent de l Eau & du Vif-argent vulgaires.

LII. Quoy que la Chimie soit tres-utile pour la Pharmacie, pour la Medecine & peut-être pour la Pierre Philosophale en quoy plusieurs perdent leur temps, leur richesse & leur esprit, qui est sans doute ou noircy par la fumée, ou hebeté par l'assiduité d'un long & ennuyeux travail; Les Principes neantmoins dont ele se sert, à peine meritent ils ce titre puis qu'ils suposent les autres Principes dont nous devons traiter en l'Article suivant & dont ils sont comme les suites. Dailleurs il faut avoüer qu'ils ne sont pas assez generaux pour expliquer le divers nombre des corps & de leurs efets. Car comment poura-ton par ces seuls Principes nous faire connoistre les quatre Elements, les Cieux, la Lumiere, les Couleurs & une infinité d'autres choses que la Nature comprend. Enfin ces Principes sont dificiles, obscurs & consequemment inutiles à établir une veritable science. Pour entendre cela plus clairement il faut en premier lieu considerer l'incertitude de leur nature, de leurs qualitez & de leur nombre. Car Sennert par exemple avoüe qu'il ne sçauroit dire assurément ce que c'est que le Mercure: Severin Danois enseigne que c'est cet Element qui rend les Mixtes coulants & penetrables ; Les autres toutefois raportent cét efet à l'Eau ou à l'Air : Beguin & Duchesne atribuënt encore au Mercure l'Acrimonie; Mais plusieurs n'en reconnoissent point d'autre cause que le Sel. Quelques Chimistes soutiennent qu'outre les trois Principes communs dont nous avons parlé, il faut encore recevoir au nombre des premiers corps, l'Eau ou le Phlegme qui est le vehicule des autres principes ; la Terre ou la Téte morte qui est un principe sterile & non agissant, mais qui sert de base & de fondement aux Mixtes; & enfin l'Esprit universel ou l'Ame du Monde, que les fourneaux & l'alembiq ne sçauroient pourtant faire connoitre. Secondement il faut considerer l'infinité des especes que ces Principes contiennent. Car il y a presque autant de diferents Sels qu'il y a de Mixtes. En dernier lieu il faut considerer l'acord que les Chimistes en pretendent faire aveq les Elements & les Principes d'Aristote, Aveq l'histoire de la Genese où ils voyent que Moyse ne parle ny du Sel ny du Soufre ny du Mercure: Enfin aveq les Fables des Poëtes dans léqueles apres plusieurs reveries ils pensent avoir trouvé les secrets de leur Doctrine & de leur Art.

ARTICLE VII.

Quels sont les Principes Physiques dont il se faut servir dans l'explication des choses materieles.

LIII. NOus avons parlé des choses dont les autres Philosophes composent les diferentes Especes de Corps & dont ils se servent pour les expliquer, il faut ensuite traiter de celes que nous devons metre en usage dans la connoissance de la Nature & que nous pouvons pour cete cause apeler principes. Afin de les entendre clairement il en faut discourir generalement & en particulier. Ie parleray donc en premier lieu de leur nombre, de leur évidence, de leur eficacité & de la comparaison qu'on en peut faire aveq ceux que nous avons déja refutez; Apres ces choses nous expliquerons ce qui regarde en particulier chaqu'un de ces principes.

SECTION I.

Où l'on traite en general de tout ce qui regarde les Principes precedents.

LIV. ON peut reduire à cinq Principes ceux que Descartes a employez dans l'explication des choses natureles. Car outre leur substance il n'y a consideré que le Mouvement, le Repos, la Grandeur, la Figure & la Situation, que chaqu'un voit étre seulement diferentes façons qui se trouvent dans les Corps. Pour ce qui regarde la Substance qui est le sujet de ces accidents, il faut sçavoir que nous ne l'apelons pas Principe; Parce que comme ele consiste dans l'étenduë, ele est toujours la méme; Et par consequent ele ne sert pas à connoitre d'autres substances: On pouroit encore dire qu'ele est sufisamment comprise dans les Principes que nous considerons en ce lieu & que nous ne separons point de leur matiere & de leur sujet. La durée est un Attribut general & convient à toutes les choses & à leurs façons; C'est pourquoy l'on n'en doit pas faire un particulier principe (non plus que du Nombre que l'on pourroit encore raporter ce semble à la Grandeur.) Outre cela les Corps n'agissent pas parce qu'ils durent & qu'ils ont été, mais parce qu'ils sont.

LV. On ne sçauroit desavouër l'evidence & la certitude de ce peu de choses dont nous tacherons de tirer la connoissance de toutes les autres, si l'on considere qu'eles sont aprouvées de tous les hommes & depuis tout temps ; si l'on prend garde qu'eles sont connuës par plusieurs sens, & qu'enfin eles sont les mémes que dans les Mathematiques, afin que la Physique ne soit pas moins manifeste que ces sciences. Ie crois que l'on ne peut penser à ces veritez aveq quelqu'atention, sans avouër au méme temps que nos principes ont un incomparable advantage sur ces autres, dont presque tous les Philosophes se sont servis jusques à maintenant.

LVI. Touchant l'eficacité de ces Principes nous devons premierement remarquer que bien que la simple figure, par exemple, ne soit pas eficace & agissante; Ele l'est pourtant lors qu'ele est jointe à son propre & veritable sujet. Car l'action d'une épée dépend principalement de sa figure, qui est pourtant sans efet si ele est seulement peinte dans un tableau. Chaqu'un apres cela peut tres-aizément connoitre la calomnie du Ministre Voëtius qui acusoit ces Principes d'étre Magiques. Il faut en second lieu remarquer que comme l'Art agit seulement par l'aplication des causes naturelles, il ne produit aussi ses ouvrages que par les Principes dont nous venons de parler. D'où l'on peut conclure contre les Philosophes Scholastiques que la substance ne sçauroit operer qu'en vertu de ses accidents.

LVII. Ensuite des choses que nous avõs dites, il est aisé de faire la cõparaison de nos Principes aveq ceux dont les autres Philosophes se sont servis & dont chaqu'un peut aizément reconnoitre les defauts. Car pour laisser les choses que nous avons raportées ailleurs, ces Causes Finales que l'on traite en cete science sont-eles pas aussi propres à la Morale qu'inutiles à la Physique? En efet les Corps ne se proposent point de Fin pour agir; & Dieu qui en est l'Auteur ne nous a pas fait connoitre ses éternels & secrets desseins touchant la production des choses & le concours qu'il leur donne. Ceux qui oposent que le Soleil, par exemple, a été fait indubitablément pour éclairer, ne sçauroient désavoüer que sa lumiere ne soit l'efet du méme Astre dont ils croyent qu'ele est encore la Fin. Pour ce qui est de la recherche que l'on fait des diferents agents, outre qu'ele est souvent hors de propos, ele ne succede presque jamais à ceux qui s'y ocupent. Quelque travail qu'on se donne dans la Physique pour decouvrir un nombre de causes corporeles; on n'en sçauroit pourtant apercevoir d'autre que le mouvement diversifié par les dispositions de la matiere. C'est à luy qu'on doit attribuer, ce qu'on raporte ordinairement à je ne sçay queles formes qu'on supose aveq d'autant moins de raison, qu'eles sont plus inconnües. Combien voit-on de Medecins qui apres avoir fait de longs discours touchant la cause qui produit le sang, ils terminent la question par la question méme, & sans rien expliquer concluent que cete cause est une forme ou une vertu sanguifique, c'est à dire une vertu qui produit le sang; Vaudroit-il pas mieux avouër qu'on ignore plusieurs choses & exprimer clairemẽt celes que l'on sçait, plutot que de rechercher des termes extraordinaires & incõnus à quicõque n'étẽd que le langage cõmun. Les Principes dont nous nous servons sont aussi clairs, propres & universels que ceux dont nous venons de parler sont obscurs, faux & hors d'usage. Nul ne doute de leur evidence, leur proprieté paroit en ce qu'on ne peut s'imaginer des causes dans la Nature qui ayent plus de connexion aveq ses efets. Pour ce qui est de leur étenduë on peut la connoitre tres-facilement par leur aplication particuliere aux choses, dont les Physiciens ont acoutumé de traiter.

SECTION II.

Dans laquele on considere en particulier les Principes dont nous devons nous servir.

LVIII. LE premier de ces Principes est le Mouvement, duquel il faut examiner la notion, l'existence, les causes, les especes & les proprietez. Descartes le definit en ces termes. Vn changement par lequel une partie de la matiere est transportée du voisinage de certains corps à celuy de quelques autres. Aristote apele cet accident, l'Acte d'un étre en puissance entant qu'il est en puissance; C'est à dire l'acte ou la forme d'une matiere divisible, entant qu'ele est divisible. Il y a beaucoup d'actes qui conviennent à la matiere & à la quantité, par exemple, la figure & le repos : Mais celuy qui luy convient entant qu'ele est divisible & qui luy donne ce nom est la seule division, c'est à dire le mouvement. On peut par la definition de cét accident connoitre la connexité qu'il a aveq les corps. Car chaque corps a essentielement la puissance d'étre divisé en plusieurs parties, dont les unes soient hors des autres. Or l'acte de cete Puissance est comme nous avons dit la division ou le mouvement. On peut encore connoitre par cete definition que dans le vuide, il est impossible qu'il y ait aucun mouuement, puis qu'il n'y a aucun corps.

LIX. Ceux-là doivent chercher la solution des Sophismes dont Zenon se servoit autrefois pour détruire le mouvement qui s'imaginent que la seule evidence du sens ne nous rend pas certains de son existence & qui croyent de pouvoir comprendre les diuisions infinies de la quantité. Le mouvement est si manifeste que quiconque le nie, il ne le nie premierement que de parole & consequemment par le mouvement méme. En deuxiéme lieu, il détruit & la Nature qui en est le principe & tous les Arts qui n'agissent que par luy.

LX. Il est inconcevable que les corps dont l'essence ne consiste qu'en l'étenduë se remuënt d'eux-mémes; c'est pourquoy il faut que Dieu leur ait imprimé le mouvement, duquel il est par consequent la premiere Cause. L'experience nous aprend d'ailleurs que les Creatures se communiquent les unes aux autres leurs mouvements : Ainsi ils ont encore leurs Causes secondes. Descartes atribuë ce nom de Causes secondes à certaià certaines regles établies sur ce que Dieu ne change point, & qu'étant immuable il agit toujours de méme sorte : Nous pouvons apeler ces regles les Loix de la Nature.

LXI. La premiere de ces Loix est que chaque corps demeure en l'état où il est jusques à ce qu'il en soit empéché par la rencontre de quelqu'autre corps. Car une chose quarée demeure toujiours quarée jusques à ce que quelqu'autre chose luy change sa figure. Pareillement ce qui est en repos ne commence point à se mouvoir de soy-méme, & ce qui se meut ne cesse jamais de se mouuoir tandis qu'il ne trouve aucun obstacle. C'est là raison pourquoy les choses que nous jetons continuënt leur mouvement lors qu'eles sont sorties de notre main, mais eles le perdent enfin par la resistance de l'air ou de quelqu'autre corps.

LXII. La deuxiesme est que tout corps qui est dans le mouvement tend à le continuer en ligne droite : La raison de cete reigle ne se prend pas seulement de ce que Dieu qui agit d'une façon tres-simple ne conserve le mouvement, que comme il est precisément dans l'instant auquel il le conserve & non pas dans la courbure, où il étoit avant cét instant ; Ele se prend encore de l'experience qui nous montre que lors qu'une pierre sort de la fronde, où elle estoit müe circulairement, ele ne continuë de se mouvoir qu'en ligne droite. L'experience nous montre aussi que tout corps qui est mû en rond tend necessairement à s'éloigner du centre du cercle qu'il décrit ; C'est pourquoy dans l'exemple que nous venons d'aporter, la pierre qui est dans une fronde en tour-

dit la corde, pour s'éloigner de notre main. Il faut remarquer cete régle aveq d'autant plus de soin que c'est seulement par son moyen que nous devons expliquer comment le Soleil peut dans une extreme distance agir sur nos corps & se faire apercevoir à notre veuë.

LXIII. La troisiéme Loy de la Nature comprend deux choses. Car si un Corps qui se remuë a plus de force que celuy qu'il rencontre n'a de resistance, il le remuë aveq soy & perd autant de son mouvement qu'il luy en donne : Ce qui a toujours été dans le Monde depuis que Dieu a commencé de mouvoir diversement les Parties qui le composent ; Desorte que ce changement est une marque de l'immutabilité de Dieu. L'on peut observer quelque chose semblable à ce que nous venons de dire touchant cete Loy de la nature, dans l'accroissement & dans la diminution des corps, où ce que l'on ote à l'un, on l'ajoute à l'autre. La verité de la premiere partie de cete regle paroit encore en une bale : Car si on la pousse aveq quelque roideur contre une autre bale, on les verra se mouvoir toutes deux, mais lentement ; parce que la premiere perd autant de son agitation & de sa vitesse qu'ele en donne à cele contre qui on l'a poussée. L'autre chose que cete régle contient est, que si un Corps qui se remuë a moins de force que celuy qu'il rencontre n'a de resistance il perd sa determination, d'autant qu'il y a un obstacle qui l'empéche de continuer à se mouvoir en ligne droite ; Mais il ne perd rien de son mouvement, parce qu'aucune chose ne le luy ote. Lors par exemple qu'on joue à la paume &

si on la jete contre une muraille ou contre le pavé ele se reflechit, mais si ele rencontre des filets ele perd le mouuement qu'ils reçoivent.

LXIV. Les sectateurs d'Aristote établissent trois Especes de Mouvement, outre celuy qui est d'un lieu à un autre & qui pour cete cause reçoit le nom de Mouvement local : Pour distinguer sur ce sujet les choses qui leur sont communes aveq les autres Philosophes, de celes qui leur sont particulieres & qui semblent beaucoup éloignées de la verité Il faut sçavoir que chacun demeure d'acord aveq les Peripateticiens, que la Generation & la Corruption sont la production & la destruction du composé ; Que l'Alteration est le changement de qualitez, comme lors qu'une chose s'échaufe ou se refroidit ; & enfin que l'Acroissement & la Diminution sont des changements de grandeur : Mais je soutiens que ces mouvements ne sont pas diferents de celuy par lequel les choses qui composent les corps changent de place & de situation. La Corruption des corps consiste en la division de quelques-unes de leurs principales & plus necessaires parties. Ce que les Philosophes apelent Alteration n'est que l'arrivée ou l'expulsion de certains corps qu'on peut aizément connoitre par leurs efets. Pour ce qui est de l'Augmentation, il est evident qu'ele se fait par quelque nouvele substance. On doit donq avouër que si les choses dont nous avons parlé sont des mouvements, ils ne sont pourtant pas diferents de celuy que nous avons apelé local. Suivant le sentiment de plusieurs Philosophes les Especes de ce Mouvemét se tirent quelquefois du principe qui meut. Car s'il est dans la chose, il est disent-ils le principe du mouvemét naturel ; s'il est hors de la chose il produit un mouvemét violent. Mais ces Philosophes suposent faussement que les composez puremét corporels ont en eux mémes le principe de leur mouvement. On peut neantmoins dire, qu'on apele mouvemét naturel celui dont les causes sont toujours les mémes: Car quoy que les pierres par exemple ne suivent pas moins les loix de la Nature lors qu'eles montent, que lors qu'eles descendent ; Neantmoins on donne seulement à leur descente le nom de mouvement naturel, par ce qu'il arrive toujours que les corps plus subtils poussent les plus pesants vers le centre de la Terre. On peut encore diviser le Mouvement par les choses qu'on remuë & que l'on peut ou pousser, ou tirer, ou porter : Par l'espace où on les remuë, qui est ou droit ou circulaire : Par le temps où se fait le mouvement qui est ou long ou de peu de durée : Enfin par le temps ensemble & par l'espace ; où il faut remarquer, que l'on apele un mouvement vite s'il est fait en peu de temps dans un grand espace, & lent s'il n'est produit qu'en un long temps dans un petit espace.

LXV. Ceux qui traitent des Mechaniques doivent considerer en particulier tout ce qui regarde le mouvement. Pour ce qui est de nous comme nous n'avons parlé que de ses plus ordinaires & plus generales especes, nous ne traiterons aussi que de ses plus communes & plus remarquables proprietez ; dont la premiere est que tout mouvement est successif : Où il faut observer que le corps qui se remuë, divise quelqu'autre corps & s'aplique aux diferétes parties, qui le composent ; Ce qu'il ne sçauroit faire en un instant, c'est-à dire en une durée indivisible, si l'on peut l'apeler ainsi, non seulement parce qu'il n'y a point de cete sorte de temps, mais parce qu'une méme chose seroit à la fois en plusieurs lieux. Quelques-uns remarquent que la succession du Mouvement n'empesche pas qu'il ne soit en quelque façon permanent. Ils disent que Dieu le conserve toujours & que les choses ausqueles il l'a imprimé se le communiquét les unes aux autres. On doit aussi remarquer que tout mouvement est circulaire ou presque circulaire. Car nul corps ne se peut mouvoir qu'il n'en pousse un autre & celuy là un autre, iusques à ce que le dernier ocupe l'espace que le premier a laissé. Cela ne paroit pas seulement dans un cercle parfait, lors qu'on le remuë autour de son centre ; mais encor dans l'exemple des vases percez de deux cotez & remplis de quelque liqueur: Car ele ne s'écoule point, tandis que leur plus haute extremité est bouchée.

LXVI. Le deuxiéme principe que nous devons metre en usage dans la Physique est le Repos, lequel on ne doit pas concevoir comme une simple privation; Car il n'y a pas plus de raison pour l'assurer que pour dire que le mouvement est la privation du Repos. Quelques Philosophes répondent que la diference consiste en ce que le repos ne reçoit ny le plus ny le moins, d'où ils concluënt qu'il est une privation. Mais quoy que les tenebres, à ce qu'ils croyent, ne soient aussi que des privations, eles ne laissent pourtant pas d'étre tantot plus grandes & tantot moindres. Ce qui fait voir manifestement que le Repos n'est pas un non-étre, c'est qu'il faut autant d'action pour aréter

& faire repoſer les corps qui ſe remüent, que pour remüer ceux qui ſe repoſent; Or on n'agit pas pour ne rien faire, ou comme quelques-uns parlent dans les Ecoles, nule action n'a pour terme le neant. Il faut donc ſçavoir que pour connoitre parfaitement le Repos que nous conſiderons icy, on le doit definir en ces termes: Vne façon par laquele les corps ſont en un méme lieu & compoſent quelquefois un méme Tout. Les trois propoſitions ſuiuantes nous feront entendre plus clairement la derniere partie de cete definition. I. L'union des choſes corporeles eſt opoſée à leur ſeparation; II. La ſeparation des choſes corporeles eſt le mouvement. III. Il s'enſuit donq que l'union des corps eſt le Repos, d'autant que c'eſt la ſeule choſe qu'on peut s'imaginer étre contraire au mouvement. C'eſt pourquoy lors par exemple qu'une pierre ſe meut, ſes parties ne laiſſent pas d'étre en repos les unes contre les autres. On doit dire le méme de ceux qui navigent: Car ils peuvent étre en repos & ne ſe pas mouvoir à l'égard des choſes qui ſont dans un navire, quoy que cependant ils s'éloignent ou s'aprochent de celes qui ſont dehors.

LXVII. La Grandeur comprend le nombre des parties qui compoſent la ſubſtance corporele & les degrez des accidents qui la qualifient. Ie prens la Figure pour le terme de l'étenduë. La Situation eſt l'arangement d'un corps entre les autres corps. On peut remarquer l'uſage & la neceſſité de ces Principes non ſeulement dans l'explication des choſes artificieles, par exemple, d'une horloge le ſon de laquele dépend de l'union & de la diſpoſition de ſes parties: Mais encore dans la connoissance que l'on peut avoir des efets naturels; Comme l'on verra dans la suite de toute cete Physique, où nous n'employrons point d'autres Principes que ceux dont nous venons de parler.

CHAPITRE QUATRIE'ME.

Des Atributs & des Qualitez des Corps.

LXVIII. Les choses que l'on remarque dans les Corps conviennent à toutes ou à plusieurs de leurs especes. Nous pouvons apeler les premieres Atributs & les secondes Qualitez.

ARTICLE I.

Des Atributs des Corps.

LXIX. Tous les Philosophes avoüent que les Corps ont trois Atributs: Car premierement ils sont étendus & ont leurs parties les unes hors des autres; où il faut [illegible] qu'on ne doit apeler ces parties ni [illegible] puisque nous avons demontré dans le Chapitre precedent que nous ne concevions point de terme dans leurs divisions, & puisque comme par la divine Puissance il peut toujours y avoir de plus grands corps, il peut aussi y en avoir toujours de moindres : ny infinies d'autant qu'il n'y à que Dieu seul qui soit veritablement infiny. Car outre que nous ne connoissons en luy point de bornes ; Nous sommes assurez qu'il n'en sçauroit avoir. Pour ce qui est des choses créées nous pouvons seulement, comme plusieurs Philosophes l'ont obserué, être certains qu'en quelques-unes d'eles nous ne remarquons point de limites ; Mais parce que nous ne sçauons pas si cela vient de la nature de ces choses, ou bien du défaut de notre Esprit, nous nous contenterons de les apeler indefinies.

LXX. Il n'y a secondement point de corps qui ne soit dans l'Espace & dans le Lieu, c'est à dire qui ne soit environné de quelqu'autre corps à qui l'on attribuë ce nom de Lieu alors seulement qu'on le considere comme immobile. Ie me suis seruy de ces derniers mots parce que plusieurs croyent qu'il n'y a point de corps dans la Nature qui soient immobiles & arrétez autrement qu'en notre pensée, cõme le systeme de l'Vnivers nous le fera voir dans le Chapitre suivant. Les Dificultez que quelques Philosophes font ici ne regardent que les mots dont la signification doit estre connüe par l'usage, suiuãt lequel lors qu'on dit par exemple que quelqu'un se pourmene dans un Espace, il me semble que par ce mot on ne signifie qu'une multitude de Lieux.

LXXI. Le troisiesme Attribut des Corps est d'étre dans le temps ; qui est un mouvement par lequel on ne sçauroit

roit mesurer la durée des choses, s'il n'étoit égal, connu & divisé en plusieurs parties. L'étendüe en longueur, largeur & profondeur est le seul Attribut qui est inseparable des corps. Car s'ils étoient tous sans mouvement, nul ne seroit dans le temps & à les considerer ensemble personne ne conçoit qu'ils soient dans le lieu.

ARTICLE II.

Des Qualitez des Corps.

LXXII. AVant que de traiter en particulier des veritables Qualitez des corps, il est à propos de faire reflexion à celes que les autres Philosophes ont suposées dans la Nature & d'en remarquer le nombre, l'vzage & la distinction.

LXXIII. Le Nombre de ces qualitez est si grand qu'à le considerer on jugera aizément, que les Philosophes qui en sont les auteurs ont multiplié les choses sans autre necessité que cele de se faire admirer par les foibles Esprits, & de dire plusieurs paroles, dont ils n'ont iamais eux-mémes entendu la signification. Combien d'Antipathies & de Sympathies ne reçoivent-ils pas? Combien de Vertus n'admetent-ils pas dans les corps? Presque tous les Chimistes parlent d'vn Archée inconnu. Dans les Ecoles ceux qui traitent de l'Ame n'expliquent pas autrement les actions des sens, que par des Especes intentioneles. Tous les Medecins ensemble & les Philosophes recourent à certaines Proprietez Specifiques, pour rendre raison des éfets dont ils ignorent la cause. Ils assurent qu'il y a des qualitez dont les unes sont Manifestes, comme le froid, la chaleur, la pesanteur; Et les autres Ocultes comme les influences. Il faut pourtant avoüer que tous ces accidens leur sont également ocultes & inconnus, & qu'il n'y a presque point d'autre difference, si ce n'est qu'ils n'apelent Manifestes que celes des qualitez, qui ont des noms particuliers.

LXXIV. Pour ce qui est de l'Vsage de ces qualitez tandis qu'on ne tache pas de les connoitre plus clairemēt; Eles ne servent sans doute qu'à couvrir l'ignorance de ceux qui ne veulent rien sçavoir que ce dequoy non seulement les enfans & les hommes les plus stupides, mais encore les bétes sont capables. Car les animaux qui sont privez de raison, ne sont pourtant pas privez de la puissance d'aprendre & de prononcer des termes dont ils n'entendent pas le sens. La pluspart des Philosophes qui pretendent expliquer les efets naturels par ces accidents tombent continuelement dans des paralogismes & dans une repetition des choses qu'ils se contentent d'exprimer en divers termes, qui marquent tous ou leur ignorance ou leur confusion. Si on leur demande pourquoy les pierres tombent en bas, ils nous diront que c'est parce qu'elles sont pesantes, c'est à dire pour parler plus clairement, parce qu'eles tombent en bas. Si nous voulons sçavoir quel est nôtre temperament, ils répondront qu'il est ou chaud ou froid; mais ils ne nous expliqueront pas quele est la nature de ces accidents, ny d'un nombre d'autres qualitez dont ils font de grands discours; dans léquels nous pouvons dire qu'ils s'éloignent d'autant plus de la veritable ſcience qu'ils s'acquierent plus l'aprobation de tous ceux, qui eſtiment docte quiconque ſe rend inconcevable; & qui ne font point de diference entre l'obſcurité des oracles & cele où les ignorans ont acoutumé de s'embroüiller.

LXXV. Il y a deux opinions touchant la Diſtinction des qualitez ou generalement des accidents & de la ſubſtance. La premiere eſt aujourd'huy la plus commune dans les Écoles qui enſegnent que les Accidents ne ſont pas ſeulement diſtincts de la ſubſtance à laquele ils ariuent, mais encore de toute ſorte de ſubſtance dont ils peuvent étre miraculeuſement ſeparez. La ſeconde ne diſtingue les qualitez d'avec la ſubſtance que comme les façons ſont diſtinctes des choſes qu'eles diverſifient, par exemple la penſée de la choſe qui penſe. Pour entendre cete opinion, il faut raporter les Auteurs qui l'ont ſuivie & les raiſons dont ils ſe ſont ſervis pour la demonſtrer.

LXXVI. Deſcartes dans ſes Meditations Metaphyſiques dediées à la Sorbonne, lors principalement qu'il répond aux quatriémes objections propoſées par vn Docteur de cete illuſtre Societé, fait aſſez voir que les accidents ſont ſeulement diverſes façons de la ſubſtance, dont on ne ſçauroit les ſeparer. L'Auteur de l'Ancienne & Nouvele Phyſique ne ſuit pas ſeulement les ſentiments de Deſcartes, mais il s'exprime en mémes termes que luy. Le Chevalier d'Igbi dans le 6. Chap. du Traité de la Nature des Corps aprouvé par quatre Docteurs en Theologie de la Faculté de Paris, ne reçoit point de ces qualitez réeles dont tous les nouveaux Philoſophes ſont protecteurs. Arriaga méme dans son Cours de Philosophie enségne que la Quantité & plusieurs Qualitez ne sont pas des accidents réelement diferents des corps. Beaucoup d'autres Auteurs ont suivi ce sentiment, ou du moins n'en ont pas été fort éloignez apres Democrite & Epicure, qui ont rejeté toutes les qualitez horsmis la Grandeur, la Figure & le Poix ou le Mouvement d'un lieu à l'autre, comme on peut voir dans le sçavant Gassendi.

LXXVII. Les raisons par léqueles on prouve la verité de céte opinion sont ou Natureles ou Theologiques. La Physique nous aprend que nos sens ne sont touchez que par la séule superficie des corps & que consequemment les accidents que les Philosophes vulgaires suposent, sont inutiles pour expliquer leur action. D'ailleurs les deux definitions qu'ils aportent ordinairement des accidens prouvent qu'ils sont ou des substances, ou leurs façons ; Car ne disent-ils pas que l'accident peut étre & n'étre pas sans la corruption du sujet, dans lequel il se rencontre : Ce qui convient parfaitement à ces corps pour exemple qui en échauffent d'autres par leur agitation & par leur mouvement, comme nous verrons apres. Ils adjoutent encore que toute l'essence de l'accident consiste à étre ataché à la chose à laquele il arrive, ce qu'on ne peut dire que de la seule façon des choses par exéple de la figure, qui ne sçauroit étre ni en efet ni méme par pensée sans le corps qui la reçoit. Ceux qui se servent d'Arguments Theologiques remarquent premierement que le Concile de Trente enségne que Nostre Seigneur est sous les Especes, c'est à dire sous les aparences du pain & du vin; Où ce n'est pas sans sujet que ce Concile a evité de se ſervir du mot d'*Accident*. En ſecond lieu ſi le Corps de N. Seig. eſt contenu ſous les mémes termes & dans le méme eſpace où ſeroit chaque partie de celes qui compoſoient auparavant la ſubſtance du pain & du vin, il eſt evident que nos ſens doivent toujours avoir une méme perception & étre touchez d'une méme ſorte. Apres les remarques que nous venons de faire ſur les divers accidens que l'on a acoutumé d'admetre, il eſt inutile de les comparer aveq ceux que nous recevons & que nous apelons en ce lieu Qualitez, comme dans le Chapitre precedent nous leur avons donné le nom de Principes. Seulement il faut ſe ſouvenir que ces accidents que nous voulons ſupoſer ſont tres-inteligibles, tres-ſufiſants & enfin les ſeuls que les Sens ou la Raiſon peuvent nous découvrir. C'eſt à eux que nous tacherons de raporter tout ce qu'on peut dire des qualitez, qu'il faut conſiderer ce me ſemble ſuivant qu'eles ſont aperceuës par nos ſens & qu'eles ſont plus importantes & plus generales.

SECTION I.

Des Qualitez aperçeües par l'Atouchement, & Premierement de celes qui rendent les corps Liquides & Durs.

LXXVIII. PLuſieurs Philoſophes croyent qu'entre les qualitez qui conviennent à diverſes eſpeces de corps les plus conſiderables & celes qui ſuivant quelques Theologiens diſtinguoient les premieres choses que Dieu crea au commencement du Monde sont la Fluidité & la Consistence.

LXXIX. On peut tres-aisément connoitre la nature de la premiere de ces qualitez sous laquele il faut comprendre la Molesse; si l'on considere que les sens dont il faut en ce lieu recevoir le témoignage puisque ce dequoy nous traitons ne se raporte qu'à eux, nous enseignent seulement que les parties des corps Fluides nous cedent leur place sans beaucoup de resistance: Or il est certain que quiconque recherche la cause de cét éfet n'en sçauroit trouver d'autre, si ce n'est que les corps qui sont déja en action pour se mouvoir, n'empéchent pas que le lieu qu'ils sont disposez à quiter d'eux mémes, ne soit ocupé par d'autres corps. D'où il suit qu'un corps est Liquide lors qu'il est composé de plusieurs petites parties qui se meuvent separément & en diferentes façons. Non seulement nous pouvons remarquer ce que je viens de dire dans la flamme dont le mouvement l'agite & l'emporte de tous cotez, mais encore dans l'air; Car l'agitation & le détachement de ses parties paroit manifestement dans les vents & dans ces atomes que les rayons du Soleil nous font découvrir lors qu'ils se renferment en une chambre. On peut remarquer la méme chose dãs ces exhalaisons, ou dans ces petits corps qu'on void remüer en une campagne ou le long de quelque muraille pendant les chaleurs de l'été. Pour ce qui est de l'Eau, l'experience fait voir que si l'on met au fonds d'un vase quelque corps que l'humidité de cét Element puisse liquefier & dissoudre, ele le fait élever & le répand de tous cotez; Ce qu'on ne peut sans doute attribuer qu'aux divers & insensible mouvement de ses parties : C'est encor à lui seul qu'on doit raporter la corruption des corps que l'Air & l'Eau ont acoutumé de causer. I'ay apelé ce mouvement insensible par ce que la seule raison nous le fait découvrir : Comme il arrive encore tres-souvent en d'autres rencontres, par exemple lors qu'une chandele est alumée; Car quoy que le mouvement méme des plus basses parties de la flame, & de toutes celes du suif qui se fondent & qui montent pour l'entretenir, soit tres-vite; neantmoins à peine tombe-t-il sous les sens.

LXXX. Les Peripateticiens enseignent que les choses Dures retiennent aizément leur figure & ne prennent qu'aveq dificulté cele des corps qui les environnent; Mais nous recherchons la cause de cét efet, laquele ils ne nous expliquent pas. L'autre definition qu'ils donnent des corps Solides & condensez, qui ont peu d'etenduë & beaucoup de substance n'est pas seulement plus obscure que la precedente, mais ele est encore fausse. Car il est inconcevable d'oter ou d'ajouter à un corps quelque quantité & quelque étenduë sans substance. Pour connoitre donq clairement la nature des corps Solides & durs, il faut sçavoir qu'ils ne cedent pas comme les Liquides aux mouvements que nous pouvons leur imprimer ou aveq les mains ou de quelqu'autre sorte; par ce que leurs parties étant en repos les unes cótre les autres; elės n'en peuvent étre separées suivant les loix de la Nature qu'aveq force. Aussi voyons nous que les choses froides sont ordinairement dures à cause du repos de leurs parties; Mais d'abord qu'eles commencent d'avoir une extraordinaire chaleur eles se liquefient comme on peut remarquer dans la glace & dans les Metaux.

LXXXI. Les corps Durs & Liquides peuvent étre élargis par la Rarefactiō & épaissis ou resserrez par la Condensation. Il ne faut pourtant pas s'imaginer en ce lieu que la matiere dans la Rarefaction soit à proprement parler plus étenduë, qu'ele n'estoit auparavant dans la Condensation. Car ele ocupe toujours un méme espace, quoy que pourtant ses parties ne soient pas toujours également proches. Pour parler de ces choses intelligiblement & pour eviter les absurditez où sont tombez presque tous les Philosophes Scholastiques, il ne faut nous servir que de l'exemple ou d'une éponge qu'on remplit d'eau, ou de l'encens qu'on fait exhaler en fumée : Car leur matiere n'est pas plus grande, mais les parties qui la composent, sont seulement plus éloignées les unes des autres.

SECTION II.

De la Pesanteur & de la Legereté.

LXXXII. AVant que d'établir la veritable nature de la Pesanteur, il faut refuter les fausses opinions qu'on en a ordinairement ; Et puis qu'ele est oposée à la Legereté, on peut connoitre l'une par l'autre & il n'importe laquele des deux on explique. Plusieurs Philosophes croyent que la Pesanteur est une qualité atachée, ou comme ils parlent interne à tous les corps qui tendent vers le centre de la Terre. Mais si cét accident n'est ni connoissant ni raisonnable, comment pousse-t-il les corps pesans à un lieu qu'il ne sçait pas & que l'on peut suposer ou détruit

ou

où changé? D'ailleurs nul corps suivant le sentiment de tous les Philosophes ne se meut de luy-méme; & c'est la principale raison par laquele on a acoutumé de prouver la Divinité. Enfin il est certain qu'entre les choses corporeles rien n'est cause du mouvement que le mouvement méme. C'est pourquoy on ne sçauroit qu'inutilement recevoir la Pesanteur comme une qualité particuliere, & comme le principe d'un chose aveq laquele ele n'a nule connexité. Ceux qui enseignent que la Pesanteur est une inclination des parties à leur tout, doivent remarquer qu'on ne peut inteligiblement recevoir aucune inclination que cele qui est accompagnée de connoissance. Et ils ne sçauroient douter que ce mot d'Inclination ne soit aussi obscur & aussi dificile lors qu'il est atribué aux choses privées de raison, que celuy d'Antipathie ou Sympathie; duquel ils ne laissent pas de se servir, mais comme nous avons déja dit, aveq d'autant plus d'absurdité qu'ils en connoissent moins le sens. Quelques Auteurs en troisiéme lieu tachent à faire voir que la Pesanteur est une atraction semblable à cele par laquele le fer se joint aveq l'aimant; Mais cete atraction que nous traiterons ailleurs suivant nos principes, n'est non plus inteligible comme ils la conçoivét, que l'inclination dont nous venons de parler. Comment peut-on expliquer ce cercle & cét anneau de matiere que doivent faire les atomes terrestres, ainsi que quelques-uns s'imaginent, pour monter & descendre & pour atirer vers la Terre cele de les parties qui en ont été détachées? Ne faut-il pas qu'on supose à plaisir que ces atomes sont legers tout ensemble & pesants?

LXXXIII. La Pesanteur est donq cete force avec laquele les corps les plus subtils poussent ceux qui sont plus grossiers, comme des obstacles à leur mouvement. Pour entendre clairement ces choses il faut suposer ce que l'experience & la raison peuvent nous faire connoitre touchant la qualité dont nous parlons. L'experience nous aprend seulement que les choses que nous apelons pesantes tendent en bas vers la Terre & nous font sentir un efort contraire à celuy que nous faisons, lors que nous voulons nous oposer à leur mouvement. Mais bien loin de sçavoir si cét efort vient des seules choses dont nous éprouvons la Pesanteur, il est tres-aisé d'en concevoir un autre principe, comme celuy par exemple qui fait abaisser une balance lors qu'on la soufle, ou lors qu'au dessous de quelque piece de fer qu'on y pese, l'on met une pierre d'aimant. Pour faire voir encore plus clairement que la Pesanteur & la Legereté sont tres-diferentes de ce que ceux là ont acoutumé de s'imaginer, qui ne conçoivent ce semble & qui ne parlent que des qualitez inherentes; Non seulement on peut se servir de l'experience du bois, de l'huile & de toutes les autres choses qui surnagent à l'Eau & qui n'y sçauroient étre enfoncées que d'abord eles ne s'élancent vers sa superficie (soit qu'eles soient rejetées par la Pesanteur de cét Element pressé par la matiere subtile, soit qu'eles obeïssent à la Legereté des petits corps qui réplissent leurs pores & qui tendent à s'éloigner de la Terre, laquele empéche leur agitation.) On peut encore raporter plusieurs veritables histoires, qui nous aprennent que dans les nuées il s'est beaucoup de fois formé de pierres tres-peſantes ; mais qui neantmoins n'avoient pas cete qualité lors qu'eles étoient enflamées & pleines d'autres corps plus ſubtils & plus legers dont eles ſuivoient le mouvement.

LXXXIV. Empedocles aſſuroit autrefois que l'agitation des Cieux & leur mouvement circulaire portoit contre Terre, tout ce qu'il y avoit autour d'ele de corps peſants. Deſcartes a preſque ſuivi le méme ſentiment, & on ne le trouvera peut-étre pas extraordinaire, ſi l'on conſidere qu'il eſt impoſſible d'expliquer d'autre façon, les qualitez dont nous parlons en ce lieu; & ſi l'on prend garde que la pluſpart des choſes auſqueles on donne le nom de lumiere, de chaleur, d'influence ou d'autres ſemblables, ne ſont qu'un écoulement continuel des petits corps qui ſortent du Soleil, des Aſtres & des Cieux, & qui en s'éloignant du centre de leur mouvement, comme nous avons dit lors que nous expliquions les loix de la Nature, pouſſent les corps qui aportent ou du retardement ou de l'obſtacle à leur agitation. On peut donq voir par ces choſes que la matiere etherée & celeſte, dont nous parlerons apres ſous le nom de premier & ſecond Element, ſe mouvant autour de la Terre porte vers ele tout ce qu'il y a de peſant.

SECTION III.

De la Chaleur & du Froid.

LXXXV. Les corps peuvent étre Froids ou Chauds en deux façons diferentes, aſſavoir en puiſſance & actuelement : Mais comme on les prend ordinairement en cete deuxiéme ſorte, c'eſt auſſi dans cete conſideration qu'il faut commencer de les expliquer. La Chaleur eſt le divers mouvement des plus petites parties des corps, lors qu'il eſt aſſez fort pour ſe communiquer aux organes de l'atouchement. Ie ne veux pas ſeulement demontrer cete definition; mais l'expliquer encore par des remarques, qui regardent tous les termes qui la compoſent. Il faut donq ſçavoir que le mouvement de l'eau par exemple, ou du vent lors que toutes les parties de ces corps coulent vers un méme coté, ne reçoit pas le nom de Chaleur; non plus que le mouvement de ce menu ſable qui eſt quelquefois emporté en l'air par quelque tourbillon. Enfin quoy que toutes les parties inſenſibles des choſes liquides ſe remuënt en diferentes façons, nous ne les apelons pourtant pas chaudes, quand par le toucher nous n'apercevons pas leur mouvement. Il arrive mémes que ſi nos deux mains ſont diferemment diſpoſées & que nous les trampions dans une méme eau, eles nous la repreſentent comme froide & chaude tout enſemble par deux divers ſentiments de ſes qualitez. Apres avoir expliqué la definition precedente, il eſt aiſé de la prouver & de faire voir premierement par l'autorité d'Ariſtote méme que la Chaleur eſt un veritable mouvement d'un lieu à l'autre. Car ce Philoſophe enſeigne que l'accident dont nous parlons ſepare les choſes diferentes, & joint celes qui ſont ſemblables. Ce qui arrive dans la diſſolution des corps, lors que leurs parties les plus peſantes s'éloignent de celes qui le ſont moins. L'experience nous aprend encore la verité de cete definition : Car ele nous montre que la Chaleur de l'eau boüillante & de la poudre qui a pris feu, ne consiste que dans la diferente agitation de leurs parties. On peut en troisiéme lieu démontrer cete definition par la cause & l'efet de la Chaleur, laquele produit le mouvement & est produite par lui : Lors par exemple qu'ele dilate la cire & condense la neige fonduë, lors qu'ele remuë & dissout toutes les petites parties des metaux ; Enfin lors qu'en été ele enflamme quelquefois les roües d'un chariot par la seule violence de leur agitation. Quatriémément la raison ne permet pas qu'on multiplie les choses sans necessité, ni que l'on distingue deux accidents lors qu'ils sont toujours inseparables, comme la Chaleur & le mouvement dont nous avons parlé. Enfin ele ne reçoit dans les sciences, que les seules choses qu'on peut expliquer inteligiblement.

LXXXVI. Le Froid est ou un entier repos, ou un moindre mouvement de ces petites & invisibles parties dont l'agitation nous donne le sentiment de la Chaleur. On peut prouver cete verité par diverses experiences. Car par exemple la cause pourquoy l'hiver est la plus froide saison de l'année se prend, de ce que les rayons du Soleil sont trop foibles pour agiter l'air & les autres corps, qui nous environnent. L'eau qu'on a fait boüillir sur le feu commence au méme temps & à se refroidir & à perdre son mouvement. Vn fer qu'on a fait rougir parmi des charbons ardans cesse de mouvoir les liqueurs qu'on verse dessus lui, aussi tot qu'il cesse d'étre chaud. Les choses que nous pouvons experimenter en nous mémes, nous font encore connoitre cete verité.

Car nous ne ſentons le Froid que lors que les petites parties des corps, que nous touchons ſe meuvent aveq moins de viteſſe que celes de nos mains ; ou bien lors que ces corps qui ſont condenſez & en repos, loin d'imprimer quelque mouvement dans nos nerfs, empéchent celui de nos eſprits & aportent peut-étre quelque obſtacle à la tranſpiration.

LXXXVII. On apele les corps Chauds en puiſſãce lors qu'ils peuvent ou exciter ou recevoir le mouvement auquel nous avons donné le nom de Chaleur ; comme on le peut voir par l'exemple de la chaux & du vin. Il faut remarquer en ce lieu qu'il y a des choſes, qu'on peut apeler froides & chaudes ſuivant les diferents raports qu'eles peuvent avoir. Ainſi la poudre à canon lors qu'ele n'eſt pas enflamée eſt froide à l'égard de notre corps & chaude à l'égard d'un charbon. Pareillement tous les Medecins demeurent d'acord que beaucoup de choſes qui nous ſervent ou de remedes ou d'aliments ont diverſes qualitez à l'égard des diverſes parties qui compoſent le corps humain, enſorte que ce qui eſt par exemple froid à la bouche eſt chaud à l'Eſtomaq. Les parties des corps Froids en puiſſance ne ſont que dificilement agitées par la chaleur naturele de nos corps, de laquele mémes eles retardent le mouvement ; Qui eſt l'efet que les Medecins atribüent ordinairement aux laictües & aux autres choſes rafraichiſſantes.

SECTION IV.

De l'Humidité & de la Secheresse.

LXXXVIII. QVoy que ces qualitez ſoient tres-inteligibles, je ne laiſſeray pas d'ajouter ici quelques reflexions pour les faire connoitre encore aveq plus de clairté. Il faut donq sçavoir que l'on n'apele pas seulement humides les liqueurs, mais les corps ausquels eles s'atachent & dont eles remplissent les pores. En efet les Grammairiens remarquent que les Latins ont pris le mot d'Humide de celui d'*Humus* qui signifie, la Terre, laquele nous voyons ordinairement mélée d'eau. Si l'on recherche la cause pourquoy les liqueurs s'atachent aizément aux corps secs ; il sera tres facile de la trouver à quiconque sçait qu'eles sont composées de petites parties longues, flexibles & separées les unes des autres, mais qui ne laissent pourtant pas de s'entrelasser & ensemble & aveq les parties des autres corps, qu'eles rencontrent. Les choses Seches comprennent celes qui ne sont mélées d'aucune liqueur sensible comme le bois sec, & celes-là encore qui chassent quelquefois par leur agitation l'eau des corps où ele se trouve. C'est pour cete cause qu'il y a certains vents que nous apelons Secs.

SECTION V.

De la Roideur, de la Lacheté & de quelques autres accidents des Corps.

LXXXIX. POur bien entendre les choses dont je dois parler il faut faire trois supositions. I. Les corps sont remplis de pores & de petits conduits d'autant que leurs parties ont leurs inegalitez & leurs détachements à cause de l'irregularité de leurs figures ; Ce qu'on ne sçauroit nier si l'on considere qu'aveq ces petites lunetes dont on se sert pour grossit & ensuite remarquer les moindres & les plus proches objets, on void quantité de ces petites ouvertures dans l'or qui est pourtant un metal tres-solide; Chaqu'un en peut encore voir dans le fer lors qu'il n'a pas été batu. Les plus sçavants Chimistes se plaignent dequoy ils ne trouventpoint de vases pour renfermer leurs essences Quelques Auteurs raportent que le Vitriol perce les pierres, que le soufre dissout l'acier & que le vinaigre fond les perles. Si cela est veritable, il est encore plus vray que les corps les plus durs renferment des petits espaces vuides. L'experience fait voir ce semble qu'il n'y a guere de corps plus pressé que le verre : Toutefois si on le remplit d'huile & qu'on l'expose au Soleil pendant les grandes chaleurs de l'été, cete liqueur paroitra sur la superficie exterieure du vaisseau, apres l'avoir insensiblement penetré. Ces pores se font remarquer plus évidemment dans les plantes & dans les animaux, qui portent leurs aliments jusques aux extremitez de leurs corps par des canaux imperceptibles, & qui par la transpiration perdent continuelement leurs esprits & les parties les plus subtiles de leur substance. Enfin on ne sçauroit les desavoüer si l'on prend garde à la composition & à la nature d'un ciron qui dans sa petitesse renferme une infinité d'organes & de parties pleines d'intervales & de cavitez. Pour ce qui est des corps liquides il est manifeste que l'Eau qui a quelque chaleur comme ele en a toujours, principalement lors qu'ele n'est point glacée, est remplie des corps tres-petits, tres-subtils & tres-deliez, par lesquels le Soleil & les exhalaisons des feux sousterrains échau-

échaufent cét Element. La lumiere & le ſon dont nous parlerós apres nous font encore avoüer la méme choſe de l'air & de pluſieurs autres corps. Quelques Philoſophes ne ſçauroient s'imaginer que les corps liquides puiſſent avoir des Pores, parce qu'à leur advis ils les rempliroient neceſſairement à cauſe de leur fluidité. Cete fauſſe prevention vient de ce qu'ils jugent que l'eau ocupe auſſi aiſément les petits eſpaces qui ſeparent ſes parties, comme ele remplit ces grands intervales des corps qu'ele moüille. Pour eviter l'erreur dont nous venons de parler & pour concevoir des Pores dans un corps, ſoit qu'il ſoit liquide ou qu'il ne le ſoit pas, il ſufit de s'imaginer d'autres corps ordinairement plus ſubtils & d'une nature toujours diferente, mélez parmy ſes parties. II. Puiſqu'il n'y a nul vuide dans la Nature, il eſt tres-certain que les petits conduits qui ſe trouvent en chaque corps ſont remplis de quelque matiere etherée, laquele nous devons ſupoſer tres-ſubtile & agitée continuelement, comme l'experience de la chaleur & la raiſon mémes le montrent; Car ſi ele ne ſe mouvoit pas, ele boucheroit par ſon repos les Pores qui la contiennent. Les eſprits qui ſervent au mouvement des Animaux ont beaucoup de raport aveq cete matiere dont nous parlons; auſſi Hypocrate leur a donné le nom de choſes impetueuſes. III. La figure des Pores eſt diſpoſée en ſorte qu'ele donne libre paſſage à la matiere qui les remplit. D'où il ſuit que ſi l'on plie quelque corps, par exemple un arq de fer ou de bois, & que la figure des Pores ſoit changée comme ele le doit étre, les petits corps qu'ele renferme ne pouvant plus couler aveq méme facilité, font efort & tendent à la remetre en son premier état. On connoit manifestement par ces choses la nature des corps que nous apelons Roides, & la cause pour laquele ils font ressort. D'ailleurs parce que ces questions sembleront à plusieurs d'autant plus curieuses & plus recherchées, qu'eles sont inconnuës à la Philosophie vulgaire; j'espere que par leur moyen chaqu'un pourra encore voir tres-facilement & l'usage & la beauté de nos Principes.

LXXXX. La cause pourquoy l'on trouve des corps qui sont laches & flexibles se prend de ce que leurs parties ne sont pas assez dures, pour empécher que les petits corps qu'eles renferment ne se forment de nouveaux passages. C'est la raison pourquoy le plomb par exemple n'est pas roide & ne fait point ressort comme le fer. La fragilité des corps dépend de ce que leurs parties ne sont pas entrelassées & ne se touchent qu'en fort peu de lieux & comme en un point ; ce qu'on peut remarquer dans le verre qui n'est cassant que pour cete raison.

LXXXXI. Outre les qualitez precedentes on en peut expliquer icy quelques autres moins considerables, mais qui toutefois semblent se raporter principalement au sens du Toucher. Il faut donq sçavoir que les Philosophes apelent Continuës toutes les choses corporeles qui sont de méme nature & qui se touchent immediatement. Ils nomment Contiguës celes qui sont de diverse nature soit que d'ailleurs eles se touchent immediatement, ou qu'eles soient insensiblement separées par le moyen de quelque matiere plus subtile. Pour ce qui est des corps Fixes on doit remarquer que leurs parties ne sçauroient être élevées par l'action de la chaleur, comme on peut voir dans le sel, quoy que dissous & liquefié. Les corps Volatiles au contraire sont composez de parties dont la petitesse, la foible composition & la figure les rendent propres à être evaporez : I'ay parlé en ce lieu de la figure, car c'est à cause d'ele seule que les cerfs volants, aveq quoy les enfants se joüent sont emportez par le vent.

SECTION VI.

De la Lumiere qui est la premiere des qualitez qu'on raporte à la veuë.

LXXXXII. LA Lumiere, l'Opacité & la Transparance sont des choses, que nous apercevons seulement par la veuë. L'experience nous montre combien la connoissance que nous avons ordinairement de la premiere de ces qualitez est dificile & obscure : Nous pouvons toutefois la rendre tres-claire & tres-parfaite, premierement par quelques supositions que nous pouvons faire ; en second lieu par diferentes comparaisons de la Lumiere aveq d'autres choses ausqueles ele ressemble en quelque façon : Enfin par la definition que nous devons donner de cete qualité.

LXXXXIII. Ie raporte les choses qu'il faut suposer pour avoir l'inteligence de la Lumiere ou à la puissance qui l'aperçoit, ou aux objets qui en semblent être la source, ou enfin au milieu dans lequel ele se repand. I. Nous faisons voir ailleurs que l'action de la veuë ne sçauroit être produite sans mouvement ; Nous montrons qu'Aristote méme avouë que tous les sens sont des Especes d'Atouchement, qui ne connoit que les seuls objets ausquels il imprime le mouvement, ou desquels il le reçoit: Enfin nous disons qu'un seul coup violant fait voir à celuy qui en est frapé ou sur la temple ou contre les yeux, quelque sorte de lumiere. On peut adjouter en ce lieu que l'interposition des corps opaques qui empéche & notre veuë & l'action des corps qui nous éclairent, empéche aussi leur seul mouvement. II. Les plus ignorants peuvent remarquer sans peine le mouvement des corps lumineux, comme celuy de la Flame, du Soleil & des Etoiles fixes. Le mouvement d'un fer rouge & d'un charbon alumé paroit en ce qu'ils agitent toutes les liqueurs qu'on leur verse dessus; Ce qui n'arriveroit pas si leurs petites parties étoient immobiles, comme il n'arrive jamais que notre main tandis qu'ele ne se meut point imprime le mouvement à aucun corps. Les miroirs concaves qui produisent du feu par la seule reflexion de la lumiere, montrent encore evidemment la verité de cete seconde suposition. III. Puisque tous les espaces sont pleins de corps, la Lumiere peut sans difficulté se répandre de tous cotez; Neantmoins parce qu'à peine sçauroit-on s'imaginer comment un grain de poudre alumé, peut remplir de sa substance tous ces lieux diferents d'où on peut la voir, il faut avoüer qu'il arrive en cete rencontre presque la méme chose que dans une mine, où le feu qui n'est qu'au milieu pousse de tous cotez les corps qui l'environnent, & fait sentir son agitation jusques aux lieux les plus éloignez de celuy où il a été produit.

LXXXXIV. On peut comparer la Lumiere ou aveq un bâton par le mouvement duquel nous pouvons en un instant connoitre les diverses qualitez des corps que nous touchons, ou aveq ce menu sable dont on fait des horloges & dont les petits grains se poussent les uns les autres suivant l'ordre de leur situation; ou enfin aveq un jét d'eau ou un courant de riviere, dont le mouvement ne cesse jamais.

LXXXXV. Ensuite des choses que nous avons dites on peut definir la Lumiere en ces termes. Vn mouvement des corps tres-petits & tres-subtils capable d'étre aperceu par la veuë; soit que ce mouvement vienne des objets contre nos yeux comme lors que nous regardons le Soleil, soit que de nos yeux il aille contre les objets: Car on raconte de l'Empereur Tybere qu'il ne laissoit pas d'y voir dans l'obscurité de la nuit & des tenebres; qui est ce que l'experience nous montre encore en plusieurs animaux.

SECTION VII.

De l'Opacité & de la Transparance, ou des Corps Diaphanes & Colorez.

LXXXXVI. PArce que tous les corps Opaques qui reflechissent la lumiere paroissent Colorez, plusieurs se persuadent que la Couleur de ces corps n'est pas diferente de leur Opacité ou de la disposition de leurs parties; & qu'en cete sorte, ele demeure toujours atachée, méme aux objets que la nuit ne nous permet pas d'apercevoir. Neantmoins s'ils prenent garde à ce qu'on apele proprement Couleur, ils en formeront peut-être une autre idée, que l'on pourroit si je ne me trompe exprimer en cete maniere. La Couleur est une lumiere terminée par quelques corps, dont les diferentes superficies diversifient le mouvement, qui produit en nous le sentiment de la veuë. I'explique tous les termes de cete definition par autant de remarques, qui leur correspondent. I'assure que les Couleurs sont la méme chose, que la lumiere modifiée par les corps d'où ele vient, ou sur léquels ele tombe. De sorte que là où il n'y a point de lumiere, il n'y a aussi point de Couleur. Ceux qui disent que les Couleurs ne laissent pas d'étre, lors mémes qu'eles ne sont pas éclairées, soutiennent cete proposition & sans experience & contre la raison; Car comment peuvent-ils sçavoir l'existence des choses qu'ils ne voyent pas, & qu'ils ne peuvent pourtant connoitre que par la veuë. I'avouë que dans les corps il y a pendant la nuit beaucoup de diverses superficies & de diferentes dispositions: Mais on n'attribuë pas à ces seules choses le nom de Couleurs. Car quoy que par exemple les nuës & les plumes de certains oyseaux soient d'eles-mémes propres à nous representer plusieurs Couleurs diferentes; Toutefois on ne les leur attribuë que lors qu'eles sont éclairées par la lumiere & qu'eles la reflechissent de la façon qu'il est necessaire pour produire en nous le sentiment de ces Couleurs. Ie sçay bien qu'on ne les apele qu'aparantes; mais ie sçay aussi qu'eles ne laissent pas d'etre de mesme sorte que celes qui sont fixes, dont en efet eles ne diferent qu'à l'égard de la durée, qui ne sçauroit leur rien oter de leur veritable nature. Il faut que la lumiere qui frape nos yeux & qui reçoit le nom de Couleur soit terminée & qu'ele borne notre veuë: Aussi ne la voyons nous jamais dans les corps transparants, mais seulement en ceux qui ont quelque opacité; c'est-à dire qui ont leurs pores autrement disposez qu'en ligne droite, & qui consequemment ne sçauroient par leur moyen transmetre l'action des corps lumineux. Les diferentes superficies des corps & les diverses dispositions de leurs parties sont tres-remarquables dans les Couleurs. En sorte que c'est à cause de cét arrangement & de cete disposition des parties que le feu change la Couleur des corps qu'il agite par sa chaleur, & que la neige fonduë perd sa blancheur aveq la figure ronde de ses parties. Pour entendre plus clairement la nature & l'action des Couleurs, aveq la diversité & la necessité du mouvement qui doit se trouver dans les petits corps, qui frapent notre veuë; il faut le comparer à celuy d'une bale qui est ensemble droit & circulaire, & qui peut-étre diversement changé par la seule situation des corps. Le mouvement des petits corps lumineux dont nous parlons & dont l'action nous fait apercevoir les objets, est si indubitable que quiconque ne l'admet, ne sçauroit rendre raison pourquoy certaines Couleurs blessent la veuë & en dissipent les esprits. Ce que i'ay dit d'une bale qui ne laisse pas de se mouvoir circulairement, cependant qu'on la pousse en ligne droite vers quelque lieu, se doit entendre du mouvement qu'ele a autour de son centre. Descartes dans son Livre des Meteores prouve que c'est en un pareil roulement que consiste la nature des Couleurs,

LXXXXVII. Ie crois qu'il sufit de sçauoir deux choses touchant la Transparance. Ie remarque donc premierement que comme il y a des corps qui reflechissent les autres corps qui se meuvent vers eux; & comme il y en a d'autres qui leur donnent passage, & d'autres enfin qui les arrétent, suivant qu'ils sont durs, liquides ou mols. Aussi nous pouvons dire sur ce suiet qu'il y a de certains corps auquels on donne le nom de Transparants, parce que la lumiere les trauerse, & qu'il y en a d'autres qu'on apele Opaques, d'autant qu'ils la dissipét ou qu'ils la repoussent comme la noirceur, la blancheur & les couleurs moyennes. Ie remarque en second lieu que l'on peut donner plusieurs causes de la Transparance. La premiere & cele à laquele on peut raporter toutes les autres est l'arrangement des pores en ligne droite, comme on le remarque dans le verre qui n'est plus transparant lors qu'il est cassé & mis en poudre, ce qui n'arrive sans doute qu'à cause du confus mélange de ses parties. Pour entendre comment les corps les plus durs peuvent étre Diaphanes, il faut se servir de l'exemple d'une rets remplie de quelques corps spheriques: Car le sable qu'on ieteroit au dessus couleroit en bas ou en ligne droite ou équivalamment. La seconde cause de la Transparance est le defaut de profondeur cõme il arrive à une feüille de papier, que l'on rend opaque lors qu'on la joint auec quelqu'autre feüille, d'autát que l'on bouche par ce moyen les petits trous par où la lumiere passoit auparavant. La derniere cause qui est ce semble plus populaire que veritable, se prend de la fluidité des corps à raison de laquele on croit ordinairement que l'air & l'eau sont Diaphanes.

Toute-

Toutefois ny l'ancre ny plusieurs autres liqueurs ne le sont pas, d'autant qu'eles sont composées de plusieurs parties grossieres, terrestres & consequemment impenetrables à la lumiere. La raison pourquoy j'ay dit que la fluidité n'est peut-être pas une veritable cause de la Transparance, est que l'eau par exemple encore qu'ele soit glacée ne laisse pourtant point d'étre Diaphane.

SECTION VIII.

Des Qualitez que l'Ouye, l'Odorat & le Gout aperçoivent.

LXXXXVIII. POur avoir la connoissance des Sons il faut examiner leur Nature & leurs Especes. Le Son est un mouvement aperceu par l'ouye, duquel sont premierement agitez tous les corps qui le produisent, soit qu'ils soient durs comme les cloches & les pierres, soit liquides comme l'eau & les nuées. Secondement les corps qui le reçoivent & parmy léquels il se répand comme est ordinairement l'air, dont nous devons comparer l'agitation à ces cercles qui se forment dans une eau calme, lors qu'on y jete quelque corps pesant. Cete agitation est si manifeste & quelquefois si violente qu'ele ébranle les maisons & fend leurs voutes & leurs murailles. La seule Echo peut encore nous la faire connoitre ; Car ele n'est qu'un mouvement de l'air reflechy à reprises par divers corps, qui en sont frapez successivement : je dis successivement, d'autant qu'on remarque que le Son est en cela oposé à la lumiere, laquele produit son actiō en un instāt

& par consequent doit étre un mouvement de petits corps tres-solides; Là où celuy auquel on a donné le nom de Son est sans doute une agitation des corps, qui quelques petits qu'ils soient, ne laissent pas d'étre mols & flexibles : C'est dequoy nous pouvons voir un exemple si nous rangeons en deux diferentes lignes deux sortes de corps spheriques, dont les uns soient fermes & les autres enflez de vent ; Car le mouvement de ces derniers sera, si on les pousse, plus tardif & moins vite. En troisiéme lieu les corps qui sont frapez du mouvement dont nous parlons, sont ceux auquels on a acoutumé d'en atribuer la perception ; Il ne faut que remarquer leurs organes pour ne douter point de cete verité. Car la figure de l'oreille exterieure fait assez voir qu'ele recüeille & conserve les divers mouvements de l'air : La petite peau qui couvre la cavité interieure de ce sens & le nom de Tambour qu'on luy a donné, nous font encore connoitre tres-clairement la méme chose. Ceux qui ont peine à croire que le Son soit une espece de mouvement à cause de la diference qu'il leur semble remarquer entre ces deux qualitez, doivent sçavoir qu'en efet le Son n'est pas un mouvement aperceu par les yeux ny par le toucher, mais seulement par l'ouye. En second lieu ils doivent prendre garde à la disproportion & à l'extréme éloignement qui se trouve ce semble, entre le sentiment de douleur & la cause qui produit ce sentiment, Car cete cause comme nous avons dit ailleurs, n'est que le mouvement & la figure des corps qui nous blessent.

LXXXXIX. Les Especes & les diferences des Sons dépendent de la diversité des causes qui les produisent, du milieu qui les reçoit & de l'organe qui en eſt frapé. Il eſt donq tres aiſé de ſçavoir pourquoy le Son qui eſt produit par le choq de deux pierres eſt diferant de celuy d'une cloche frapée du batant; là où par exemple la voix d'un perroquet à qui l'on a apris à parler & cele d'un Homme ſont preſque ſemblables à cauſe de la concavité de leur palais. On peut ſecondement tirer de ces choſes la raiſon pourquoy le Son qu'on entend dans l'eau eſt confus & beaucoup moins diſtinct que celuy qu'on entend hors de l'eau, mais particulierement la nuit lors que l'air eſt moins agité, & à la campagne ou le long des rivieres, dont l'égalité n'aporte nul obſtacle au mouvement. Il faut dire en troiſiéme lieu que ſi le Son produit naturelement diferents efets dans les animaux, cela vient de ce qu'ils n'ont pas l'organe de l'ouye diſpoſé en méme ſorte: Et c'eſt peut-étre la raiſon pour laquele le chant d'un coq par exemple, qui à ce qu'on dit épouvante les lions n'aporte aucun étonnement à l'Homme.

C. La connoiſſance des Odeurs dépend des obſervations ſuivantes, dont la premiere eſt que l'Attraction qu'on fait de l'air donne aſſez à connoitre la neceſſité du mouvement par lequel nous apercevons les Odeurs. La deuxiéme nous fait voir que les corps auquels ces qualitez ſont atachées doivent dans leur petiteſſe avoir une mediocre grandeur, qui ne ſçauroit étre diminuée par l'action du feu pour exemple ou du Soleil, qu'au méme temps on ne perde le ſentiment des Odeurs. La derniere choſe qu'il faut remarquer eſt que les Philoſophes & les Medecins atribuënt d'ordinaire aux corps Odoriferants la chaleur & la ſechereſſe, pour temperer l'humidité & la froideur du cerveau.

CI. Le Gout a pour objet les petites parties des corps terrestres qui nagent dans la salive, comme dit Descartes, separées les unes des autres & qui suivant leur grosseur, leur figure & leur mouvement agitent diferemment les nerfs de la langue & font sentir à notre ame toute sorte de Saveurs.

CHAPITRE CINQVIÉME.

De l'Assemblage des Corps qui est le Monde.

CII. LES Philosophes font ordinairement en ce lieu plusieurs questions pour rechercher la Nature du Monde, ses Causes, ses Attributs ou ses proprietez & enfin l'Arangement de ses parties.

ARTICLE I.

La resolution de plusieurs dificultez que l'on propose touchant le Monde.

CIII. LE Monde se prend en beaucoup de façons, assavoir pour l'assemblage ou de toutes choses soit spirituelles soit corporeles, ou de tous les corps, ou enfin de tous les corps visibles & principalement de la Terre & des Elements.

CIV. Les Philosophes Scholastiques établissent cinq sortes de causes du Monde pris suivant les deux dernieres significations, ce qu'ils ont encore acoutumé de faire en presque tous les autres endroits de la Physique; Ces causes sont la Matiere, la Forme, la Cause eficiente, l'Idée & la Fin. Pour ce qui est de la Matiere, il est certain qu'ele est necessairement la méme dans toutes les parties qui composent le Monde : Car nous ne concevons point d'autre Matiere que cele qui est étenduë. Il est ce semble hors de propos de rechercher la Forme du Monde, lors qu'on le prend comme on a acoutumé de faire pour l'assemblage de toutes choses ou de tous les corps. Car ce mot de Forme ne convient qu'aux choses particulieres qui sont comprises dans le Monde & qui sont distinctes les unes des autres, Mais le Monde n'est distinct d'aucune autre chose, puis qu'il n'y a rien hors de luy. Quelques anciens & nouveaux Philosophes assurent que le Monde est vivant, & que sa Forme est ce à quoy ils donnent le nom d'Ame du Monde: Mais ou ils entendent parler de Dieu, ou bien ils s'équivoquent sur le mot de vivant, & signifient par luy tout ce qui est dans le mouvement; ou enfin ils n'expliquent les choses corporeles qu'aparãment & par des causes qu'ils ne cõnoissent pas. La Cause Eficiente du Monde est Dieu, hors duquel rien n'est par soy-méme. Nous pouvons bien assurer que Dieu a fait tous ses ouvrages conformément à l'Idée qu'il en avoit conceuë; Mais pour ce qui est des secretes & diferantes Fins qu'il a pû se proposer dans leur production, il n'apartient pas ce me semble aux Physiciens d'en faire la recherche, pour établir leurs raisonnements sur des considerations qu'ils n'auroient pas demonstrées. Cete seule suposition que le Monde n'a été fait que pour l'Homme & le Ciel pour la Terre, est presque la seule cause d'une infinité de fausses conclusions, que les Philosophes vulgaires en ont tirées.

CV. On propose plusieurs questions touchant les Attributs & les proprietez du Monde ; Car on demande s'il est parfait, s'il est unique & s'il est infini à l'égard du temps & du lieu. Nul ne peut revoquer en doute la perfection du Monde, soit qu'il considere la varieté & l'ordre de ses parties, ou les necessaires moyés par léquels chaque chose peut produire ses efets. Les Anciens qui croyoient une multitude de Mondes, prenoient sans doute le Monde pour la Terre, qui est cele de toutes ses parties que nous connoissons le mieux. Ce sentiment est aujourd'huy commun à plusieurs Philosophes, qui se persuadent que si les Planetes ne sont pas des especes de Terre, eles lui sont du moins tres-semblables ; & quoy que nous ne puissions pas sçavoir demonstrativement si ces choses sont teles que nous venons de dire, il est toutefois evident qu'eles le peuvent être. Il est encore evident qu'à prendre le Monde suivant les deux premieres significations que nous en avons données, il ne peut pas être multiplié & qu'il est un Tout hors duquel il n'y sçauroit rié avoir. En efet s'il y avoit quelqu'autre Monde hors de celui que nous habitons, ou il seroit separé de celui que nous voyons, ou il lui seroit joint : S'il en étoit separé & qu'il n'y eut toutefois rien entr'eux, ils se toucheroient contre ce que l'on supose & ils ne feroient consequément qu'un seul Monde ; Ce qui arriveroit encore s'il y avoit entr'-eux quelque chose : Car leur éloignement n'établiroit non plus deux Mondes, que le Ciel du Soleil & de quelque Etoile fixe. Pour répondre à l'autre question qu'on propose lors qu'on demande de quele figure est le Monde, & si son étenduë & sa durée sont infinies ; Il faut remarquer premierement que les choses qui regardent l'Infini nous sont ordinairement inconnües, parce que nous avons l'esprit finy. Il faut sçavoir en second lieu, que puisque nous ne concevons point de bornes dans cét Vniuers au delà déqueles nous ne conceuions au méme temps des espaces étendus, qui est l'idée que nous avons des corps, nous ne dirons pas consequemment que le Monde soit rond ou de quelqu'autre figure ; Mais nous assurerons qu'il est indefini. Pour ce qui est de l'Eternité qu'on attribüe au Monde & que l'on s'imagine comme passée ou avenir, il faut remarquer en troisiéme lieu que nous ne sçaurions entendre comment une chose qui a toujours été depend d'autrui & en a receu l'existence. C'est pourquoy quiconque nie le commencement du Monde & des creatures qu'il comprend, parle ce semble contre la conception qu'il a d'un étre dependant. Ceux qui comparent les observations des anciens Astronomes aveq celes des nouveaux, trouvent une tres-notable diversité dans l'éloignement & la distance des Astres : & il me semble que de ces choses & de toutes les autres qu'õ a pû découvrir dans les Cieux, depuis qu'on a l'uzage des lunetes de longue veuë, l'on doit conclure que bien que la Matiere des Astres soit naturelement incorruptible comme cele de tous les autres corps ; Neantmoins puisque leur mouvement, leur situation & la figure de leurs parties se peut changer, leur Forme le peut aussi. Il reste à parler de l'ordre & de l'arangement qui se trouve dans les parties de l'Vnivers. Mais parce que la connoissance que nous en pouvons avoir depend des diferentes Hypotheses inventées par les Astronomes, qui ont établi comme au milieu du Monde ou la Terre ou le Soleil, il est necessaire d'en expliquer les principales dans les Articles suivants.

ARTICLE II.

L'ordre des parties du Monde suivant l'Hypothese de Ptolemée & de Tycho.

CVI. LEs Philosophes & les Mathematiciens qui suivent aujourd'huy l'opinion de Ptolemée nous proposent ordinairement leur systeme en cete sorte. Ils placent au milieu du Monde la region Elementaire qui comprend la Terre, l'Eau, l'Air & le Feu. Ils divisent la region Celeste & Etherée en douze Cieux, & raportent à la solidité & aux epicycles qu'ils leur atribuënt la regularité & la diference des mouvements des Astres. Les sept premiers Cieux sont ceux des sept Planetes, de la Lune, de Mercure, de Venus, du Soleil, de Mars, de Iupiter & de Saturne. Le huitiéme Ciel est celui des Etoiles fixes, c'est pourquoy on l'apele Ciel étoilé ou Firmament : Le mouvement propre à tous ces Cieux est de l'Occident vers l'Orient.

La neu-

La neufiéme Sphere se meut de l'Orient vers l'Occident & de l'Occident vers l'Orient, cōme par une ligne spirale. La dixiéme se meut pareillement du Midy vers le Septentrion & du Septentrion vers le Midy. L'onziéme Ciel est le premier Mobile, qui emporte aveq soy d'Orient en Occident les Spheres inferieures par une revolution de 24 heures : On apele son mouvement Rapide ; celuy du Ciel Crystalin, c'est à dire de la dixiéme & neufiéme Sphere, de Balancement ou de trepidation ; celuy des autres Cieux, Retrograde. Les Theologiens adjoutent aux Cieux precedants celuy qu'ils croyent étre le siege des Bien-heureux & qu'ils apelent Empyrée.

CVII. Tycho-Brahé Seigneur Danois qui nous a laissé ses Observations de trente-huit années, a mis au dessus de la Terre, de l'Eau & de l'Air une substance Etherée, tres-fluide & par consequent tres-propre pour donner passage aux Astres, dont il a étably le mouvement autour de deux centres : Le premier est la Terre autour de laquele la Lune se meut en un mois, le Soleil en un an & les Etoiles fixes en plusieurs siecles ; Le second est le Soleil entre lequel & la Terre Mercure & Venus se meuvent. Les autres Planetes assavoir Mars, Iupiter & Saturne embrassent dans leurs revolutions & la Terre & le Soleil.

CVIII. Les raisons pourquoy nous ne nous servons pas de ces Supositions sont ou generales & communes à toutes les deux, ou particulieres à l'une ou à l'autre. Il faut donq premierement remarquer en general, que Ptolemée & Tycho ont placé la Terre au cētre du Monde comme au plus bas lieu ; Et n'ont pas pris garde que si nous voulons parler propremēt & considerer les choses en eles mémes, il n'y a dans le Monde ni bas ni haut si ce n'est à nôtre égard : Ils n'ont pas non plus considéré que toute la masse de la Terre est plutot legere que pesante, puis qu'ele est suspanduë en vn Ciel liquide. Secondement il est vray semblable que ces Auteurs n'attribuent un mouvement circulaire à tous les Cieux qui sont des corps immenses & qui remplissent des espaces inimaginables, que parce qu'ils les croyent faits seulement pour la Terre. Enfin puisque toutes les parties de la superficie concave du Ciel se separent de la Terre; il est manifeste que cete separation & par consequent ce mouvement est reciproque, & on ne doit pas dans leur opinion l'attribuër au Ciel plutot qu'à la Terre.

CIX. Pour ce qui est en particulier des sectateurs de Ptolemée, il faut sçavoir que leur Hypothese ne comprend qu'un embarras de Cercles, d'Epicycles & de Deferents, par léquels ils ne sçauroient expliquer le mouvement vagué des Cometes; ni celui de Venus & de Mercure, qui sont quelquefois au dessus & quelquefois au dessous du Soleil. D'ailleurs ils reçoivent aujourd huy proche le Ciel de la Lune & au dessus du Globe terrestre une Sphere de Feu aussi ridicule qu'une Sphere de fumée au dessus des nuës. S'ils veulent donner à cet Element un lieu convenable, ils doivent à l'exemple de Pythagore, de Platon & de plusieurs anciens Philosophes, le metre au centre du Monde comme le cœur au milieu de l'animal.

CX. Tycho a changé sans fondement sufisant & en tres-peu de choses l'Hypothese de Coperniq. Car il a mis seulement la Terre au lieu du Soleil, & a suposé une distance inégale entre le Ciel de Saturne & celuy des

Etoiles fixes. Outre cela il ne ſçauroit donner aucune raiſon, pourquoy le Soleil qui par ſa revolution annuele emporte aveq ſoy Mars, Iupiter & Saturne, n imprime pas un méme mouvement à la Terre qui eſt plus proche, & d'ailleurs entourée d un Ciel auſſi liquide que celuy des Planetes.

ARTICLE III.
L'Opinion de Coperniq.

CXI. COperniq a été le premier des nouveaux Aſtronomes qui a expliqué & defendu cete ancienne opinion dont nous alons parler. Pour avoir l'inteligence de ſon Hypotheſe nous devons aprendre la façon aveq laquele on la propoſe, les plus intelligibles & les plus communs arguments par léquels on la prove; & enfin la raiſon qui nous oblige à ne la recevoir point, en ce qui regarde le mouvemēt de la Terre.

CXII. Premierement le Soleil ſuivant ce Syſteme ocupe le milieu aparant du Monde où il eſt immobile: Mais quoy qu'il ne change point de place, il tourne neantmoins circulairement ſur ſon eſſieu comme le mouvement de ſes taches qui ſe fait en vingt-ſept jours le monſtre. Les Etoiles fixes ocupent l'autre extremité aparante du Monde. Où il faut ſçavoir que leur mouvement n embraſſe ni la Terre ni le Soleil; & que leur inégalité dépend de leur grandeur ou de leur éloignement. En troiſiéme lieu l'on place entre le Soleil & les Etoiles fixes, toutes les Planetes; parmy léqueles on met la Terre à cauſe qu'ele leur eſt ſemblable en ce qui regarde ſon mouvement, ſa lumiere, ſa ſituation & ſa figure qui eſt ronde; quoy qu'éle ne le ſoit pourtant pas parfaitement, non plus que cele de la Lune. Coperniq luy atribuë trois sortes de mouvements, l'vn Iournalier, l'autre Annuel, le Troisiéme sert principalement à expliquer la diference des saisons & l'inégalité des jours & des nuits. Mercure est la Planete la plus proche du Soleil, autour duquel il se meut en trois mois, Venus en huit, la Terre en un an, Mars en deux, Iupiter en douze, Saturne en trente ou enuiron. Quatriémement la Lune se meut autour de la Terre comme dans un Epicycle en un mois, & autour du Soleil pendant un méme espace de temps que la Terre. Iupiter est encore environné de quatre petites Planetes que Galilée a apelées les Astres de Medicis; Ces petites Lunes ou étoiles se meuvent autour de Iupiter diferemment, selon qu'eles en sont plus ou moins éloignées.

CXIII. On peut raporter les raisons qui prouvent cete opinion ou à la Terre ou au Soleil & aux Astres. Il est certain qu'il ne faut pas juger par les sens du mouvement de la Terre, comme l'exemple de ceux qui navigent nous le montre; Car il leur semble d'étre immobiles cependant que les rivages se meuvent. Ce méme exemple nous fait voir que les divers mouvements des parties qui composent le Globe terrestre, ne sont pas empéchez par celuy qui convient à leur Tout. Il faut outre cela considerer que la Nature semble avoir destiné les plus petites choses au mouvement & les grandes au repos: Or il est certain que la Terre n'est qu'vn point à l'égard du Ciel; Et il est encore certain ce semble que comme ele a besoin du Soleil, il y a presque autant de raison de dire qu'ele doit se mouvoir autour de luy, qu'un navire autour du rivage. Le Mouvement du

Globe terrestre est d'autant plus probable que pour expliquer les Phainomenes ou les aparances, il n'importe qu'on le supose ou celuy du Soleil. Bien plus il est tres-manifeste que nous recevons ce dernier par prevention plutot que par raisonnement. Car si le Ciel & les Astres se mouvoient circulairemẽt sur la Terre, leur mouvement seroit tout à fait inconcevable, & il faudroit le suposer incomparablement plus vite que celuy par exemple d'un boulet de canon: Car il n'est point d'Etoile qui ne deut faire environ 4711. lieuës en une Seconde, c'est à dire pendant un seul batement d'artere. La sainte Ecriture parle assez souvent du lever & du coucher du Soleil & des Astres: Mais ceux qui suivent Coperniq n'en parlent point autrement: Ils sçavent que l'usage du discours dépend du peuple, qui n'a pas acoutumé d'expliquer les choses, que suivant qu'eles nous paroissent. C'est ainsi que Moyse méme apele la Lune un grand luminaire, encore qu'en efet ele soit des plus petits. Les Philosophes & les Mathematiciens qui ne sçauroient croire la grande étenduë du ciel qui est suposée par Coperniq, & l'extreme distance qui suivant son Hypothese se trouve entre la Terre & les Etoiles fixes, limitent la puissance infinie de Dieu par la conception finie de leur esprit, & nient sans raison l'existence des choses, lors qu'ils ignorent les desseins que Dieu a ëus dans leur production.

CXIV. Il ne faut pas douter que ce Systeme ne soit faux, pour ce qui regarde le mouvement de la Terre. Car à parler proprement les choses ne se meuvent pas, lors qu'eles ne sont point separées des corps qui les touchent immediatement. Or la Terre n'est jamais separée des parties de son Ciel.

ARTICLE IV.

Quel est l'Arangement & quele la Composition du Monde suivant Descartes.

CXV. CE Grand Homme assure que son Hypothese est presque la méme que les deux dernieres dont nous avons parlé, & dont ele n'est diferente sinon en ce que par son moyen, on nie le mouvement de la Terre aveq plus de soin que Coperniq & plus de verité que Tycho. Pour entendre plus clairement quel ordre ce sçavant Auteur a suposé dans le Monde, il en faut considerer toutes les parties soit simples, ou composées; Car c'est à mon advis dans cete pensée qu'il a établi dans l'Vnivers & trois Elemens & trois Cieux, les derniers déquels surpassent les autres en grandeur.

CXVI. Le premier Element est divisé en un nombre indefini de petites parties qui ayant un mouvement tres-vite & étant sans nule grosseur, ni figure determinée remplissent tres-aizément tous les espaces, où les autres parties de la matiere ne sçauroient passer. Le second comprend des corps spheriques, mais tres-petits à comparaison de ceux que nous pouvons voir sur la Terre. Le dernier contient toutes les autres parties de la matiere, qui à cause de leur grosseur & de leur figure ne peuvent pas étre meuës si aizément que les precedentes. La preuve & la necessité de ce dernier Element paroissent d'abord à quiconque les veut considerer. Pour ce qui est des autres deux, on ne doutera pas non plus de leur verité si l'on prend garde que quelque figure que les parties de la Matiere ayent eüe au commencement; Plusieurs ont dû à la fin devenir rondes à cause de leurs divers mouvements circulaires (Car nous avons déja fait voir que tous les mouvements doivent étre de cete nature.) D'ailleurs parce que plusieurs corps spheriques, s'ils étoient seuls, laisseroient necessairement des espaces vuides, il est evident qu'il y a encore quelque matiere (formée si nous voulons de la precedente & de ses angles émoussez) qui peut remplir leurs intervales & s'acommoder à leurs mouvements. La vitesse de ces petits corps est aussi tres-evidente, puis qu'ils passent par des chemins étroits & reculez, & que par leur petitesse ils sont ce semble aussi propres à recevoir des mouvements étrangers, cóme ils sont tres-souvent incapables de communiquer le leur. Pour ce qui est du nombre & de la figure des parties, qui composent cét Element & qui sont indefinies & indeterminées à l'égard de ces deux choses que nous venons de dire, & que j'avoüe que nous ne sçaurions comprendre ; quoy que pourtant nous les jugions tres-assurées : Il faut remarquer que lors qu'une matiere passe dans un espace inégal ; d'autant que le lieu où ele se meut décroit toujours par des dégrez indefinis: Il est absolument necessaire que quelques parties de cete matiere, comme nous avons dit encore ailleurs, reçoivent des divisions & des figures innombrables : De sorte qu'on ne sçauroit par la pensée determiner aucune des parties dont nous parlons, qui soit si petite qu'on n'en puisse encore imaginer d'autres moindres. Ensuite de toutes ces choses il faut prendre garde à la cónexité qui se trouve entre ces Elemẽts & le Monde qu'ils composent: Car à considerer le Monde entant qu'il est visible, cóme les Physiciens n'en parlent pas ce semble autrement, Il est impossible d'y trouver que trois sortes de corps auquels ces Elements donnent les formes & les diferences. Les uns comme le Soleil nous envoyent la lumiere, c'est pourquoy on les apele Lumineux; les autres qui sont Transparants luy donnent passage ainsi que les Cieux; les autres enfin la reflechissent comme la Terre, les Cometes & generalement tous les corps Opaques. Ie ne doute point que ceux qui conçoivent parfaitement le raport de ces Elements & des corps qui en sont composez, n'avoüent qu'il est merveilleux au delà de tout ce que l'on en peut dire.

CXVII. Le premier des trois Cieux auquels nous divisons le Monde est à notre égard le plus considerable. Il a pour centre le Soleil envirõné des Planetes aveq le méme ordre, que nous avons décrit dans l'Hypothese precedente. Le second est cõposé de tous ces Tourbillons (c'est ainsi qu'on peut apeler toute sorte de matiere liquide & coulante lors qu'ele se meut circulairement) qui envirõnent le Ciel où nous sõmes; Chaqu'un d'eux a en son centre quelque Etoile de celes à qui l'on a donné le nom de Fixes; Où il faut principalement remarquer qu'eles ne sçauroient agir sur nos yeux par leur lumiere, sans le mouvement que nous leur atribuons & à toute la matiere qui est autour d'eles. La raison pourquoy nous prenons tous les Tourbillons où ces Etoiles se trouvent pour un Ciel seulement, est qu'ils ne nous paroissent pas diferents, & que nous les devons considerer en méme façon. Le troisiéme Ciel comprend toute la matiere qui se trouve au delà des Tourbillons precedents Nous n'en parlerons pourtant pas, d'autant que nous n'y sçaurions rien observer qui nous découvre sa nature & que nous faisons dessein de traiter seulement du Monde visible.

Fin de la premiere Partie.

www.ingramcontent.com/pod-product-compliance
Ingram Content Group UK Ltd.
Pitfield, Milton Keynes, MK11 3LW, UK
UKHW021108200726
13857UKWH00003B/1135